Das Fahrradbuch

Michael Polster

Für Elke und Frank

Das Fahrradbuch

Michael Polster

VERLAG NEUES LEBEN

Zeichnungen von Hajo Eggstein

ISBN 3-355-00486-3

Lizenz Nr. 303 (305/185/87)
LSV 3009
Einband: Hajo Eggstein/H.-Jürgen Malik
Typografie: H.-Jürgen Malik
Fotos: ADN-ZB (11), Archiv des Autors (42), Almonat (4), IML (1)
Gesamtherstellung: Karl-Marx-Werk Pößneck V 15/30
Bestell-Nr. 643 990 8
00750

Vorwort

Ein Buch über das Fahrrad in unserer Zeit der Autos, der Computer und der Mikrochips?

Das Fahrrad ist wieder da, es feiert sein Comeback: Alt und jung radelt, zur Arbeit, zur Schule, in die Universität, in den Urlaub oder auf die Datsche.

Für viele ist es ein Sport-, für wenige ein Hochleistungssportgerät.

Deshalb ein Fahrradbuch.

Aufregung gab es 1965 in Mailand, als beim Restaurieren eingeklebter Blätter des Codex Atlanticus von Leonardo da Vinci eine Fahrradskizze gefunden wurde. Noch immer ist man darüber geteilter Meinung. Echt – betonen die einen, von unbekannter Hand hineingeschmuggelt – meinen die anderen.

Wie dem auch sei, sollte es da Vinci wirklich gewesen sein, so hat er es geheimgehalten. Tatsache ist, daß dieser Geistesriese der Renaissance mit Entwürfen von einem Getriebe, einer Drehbank, einer Spinnmaschine mit automatischer Spindel, einer Gelenkkette und anderen Erfindungen vorwegnahm, die „offiziell" erst Hunderte Jahre später „entdeckt" wurden.

Diese Zeichnungen aus dem 15. Jahrhundert sind Meisterwerke lebendiger Ausdruckskraft, voll schöpferischer Phantasie und unerhörter Scharfsichtigkeit. Da Vinci nahm vieles, was die spätere Maschinentechnik im Zeitalter der industriellen Revolution verwirklichte, in Gedanken vorweg.

Am Anfang war das Rad. Als Symbol der wärmespendenden Sonnenscheibe, als kultisches Symbol ist es den Menschen schon seit der Urgesellschaft gegenwärtig. Das beweist die stattliche Zahl erhaltener Felsenbilder und Felsenzeichnungen.

Auf den Tag und die Stunde ist die Erfindung des rollenden Rades nicht festgehalten worden. Doch in der Zeit um

4000 bis 3000 v. u. Z. könnte es sich so zugetragen haben:

Es ist wie immer auch an diesem Tag heiß und trocken in Mesopotamien. Mehrere kräftige Männer transportieren einen schweren Steinquader zum Bauplatz einer Begräbnisstätte. Mühsam und beschwerlich ist die Arbeit. Durch den gemeinsamen Gesang religiöser Lieder versuchen sie, ihre Kraft zu vervielfachen. Rollen aus zersägten Baumstämmen legen sie immer wieder vorn unter, nachdem der Steinkoloß sich ein Stück bewegt hat. Langsam rollt der Steinblock, gezogen an mehreren Seilen, dirigiert von einigen Aufsehern, vorwärts. Doch plötzlich setzt sich die Steinmasse ganz langsam von selbst in Bewegung und poltert mit lautem Getöse den abschüssigen Weg zum Begräbnisplatz hinunter.

Alles, was Beine hat, ergreift die Flucht und bringt sich in Sicherheit. Mit einem großen Getöse wird die Talfahrt durch die bereits abgestellten Steinblöcke beendet. Dem etwas abseits stehenden Priester, der der Baumeister der Anlage ist, kommt beim Anblick des in das Tal hinabschießenden Steinwürfels und der gemächlich hinterdrein rollenden Baumstämme eine glänzende Idee. Würde man unter einer Holzplatte nur Scheiben aus diesen Stämmen befestigen, brauchte man viel weniger Holz, und das ewige Nachlegen der überrollten Hölzer entfiele.

Gesagt, getan. Damit war einer der ersten Wagen entstanden: eine Platte, an der an zwei Seiten eine rotierende Holzscheibe befestigt war.

So oder ähnlich muß es gewesen sein.

Bei den ältesten gefundenen Rädern handelt es sich um sogenannte Scheibenräder, die zumeist aus drei Brettern bestehen, die durch Leisten zusammengehalten werden. Die schweren Scheiben waren fest mit der Achse verbunden. Die Achsen lagerten in Schlaufen, die man am Wagenkörper befestigt hatte.

Da Straßen außerhalb der Siedlungen fehlten, erwiesen sich die Wagen von begrenztem Wert.

Trotzdem brachte die Erfindung des Rades einen gewaltigen Aufschwung in die Entwicklung der Produktivkräfte. Das Prinzip der Rotation bildete die Grundlage für andere technische Erfindungen jener Zeit: Töpferscheibe, Rollsiegel und Bohrer.

Einmal gebaut, zog das Rad nun seine unendliche Spur durch die Geschichte der Menschheit. Vor allem in Kombination mit dem Wagen entwickelten die Menschen das Rad zu einem ihrer wichtigsten technischen Hilfsmittel, und dies nicht nur für friedliche Zwecke.

Der Philosoph Xenophon, griechischer Geschichtsschreiber, berichtet in seiner „Anabasis" über die Sichelwagen der Perser. Er bezeichnete die Sichelwagen als eine der gefürchtetsten Angriffswaffen, die ein großes Gemetzel unter den Feinden anrichteten. An den Rädern dieser Wagen befanden sich scharfe sichelförmige Schwerter, die während der Fahrt rotierten und alles niedermähten, was in ihre Reichweite kam.

Doch die Schwerfälligkeit dieser monströsen Wagen und ihre geringe Manövrierfähigkeit beschieden ihnen keinen allzu großen Erfolg. Dies regte die Phantasie der Kriegstechniker an. Um 330 v. u. Z. ließ König Philipp von Mazedonien riesige Belagerungstürme bauen. Mit ihnen sollten die Krieger gefahrlos an die feindlichen Festungen gelan-

Demetrios von Phaleron baute um 308 v. u. Z. diesen Muskelkraftwagen mit Tretradantrieb.

Skizze eines Fahrrades aus dem Codex Atlanticus von Leonardo da Vinci (1452–1519). Kurbel- und Kettenantrieb sind praktisch erst seit dem 19. Jahrhundert bekannt.

gen. Als Vorbilder galten die Belagerungstürme der Assyrer. Das waren in Panzerwagen untergebrachte Rammböcke. Die Rammen sollten die Festungsmauern erschüttern und möglichst zum Einsturz bringen.

Wurden die Türme der Assyrer noch geschoben oder gezogen, so bewegten König Philipps Krieger diese „Panzer" mittels riesiger Treträder. Das Innere glich mit seinem Laufrad einem riesigen Hamsterkäfig.

Um 332 v. u. Z. nutzte Alexander der Große sogar einen achträdrigen Belagerungsturm. Zwanzigstöckig und 53 Meter hoch überragte er die Festungsmauern. Neben solchen Ungetümen gab es natürlich auch kleinere und leichtere Gefährte. So hatte Dionysios der Jüngere einen Wagen mit Laufrad gebaut, der für die Rennbahn gedacht war. 357 brachte er ihn dem Gott Apollon in Delphi als Weihgeschenk dar.

Auch römische Geschichtsschreiber berichten von einem kleinen Muskelkraftwagen des römischen Kaisers Commodus. Die Römer selbst verstanden relativ wenig vom Wagenbau. Sie machten sich die Errungenschaften der von ihnen unterworfenen Völker zu eigen. Beim Wagen- und Straßenbau griffen sie hauptsächlich auf die Kenntnisse der Etrusker zurück. Die Straßen dienten vor allem strategischen Zwecken. Die Römer entwarfen ein gut geplantes und organisiertes Straßennetz. Doch der Zustand war so, daß mit den damals üblichen Reisewagen auch nur ein Tagesdurchschnitt von rund 50 Kilometern (Ovid) erreicht werden konnte. Eilige Reisende ritten nach wie vor auf dem Pferd.

Der Zusammenbruch des römischen Imperiums, sein Zerfall und Niedergang bedeuteten auch das Ende der damaligen europäischen Straßen. Keine Reparaturen, eine fehlende Verwaltung durch das römische Zentralreich und nicht vorhandene materielle Mittel, die nun nicht mehr von den unterjochten Völkern abverlangt werden konnten, waren das Ende für die römischen Straßen.

Im Mittelalter befanden sich die Straßen und Wege in einem jämmerlichen Zustand.

Von selbstfahrenden Wagen oder ähnlichen Gebilden konnte bei diesen Voraussetzungen keine Rede sein. Die Vorstellung, daß sich der Mensch mittels eigener Kraft fortbewegen könne, blieb für lange Zeit des frühen Mittelalters eine Idee.

Im 15. Jahrhundert gibt es dann wieder die ersten Meldungen über selbstfahrende Wagen. In alten Schriften wird berichtet, daß der Italiener, Doktor der Philosophie und der Medizin Giovanni da Fontana, einen Wagen entwickelt hatte, dessen Hinterräder sich durch einen Seilzug und einen Trommelmechanismus antreiben ließen.

So trug vor allem das Rad in verschiedenen Formen das Prinzip der Rotation durch die Geschichte. Das gilt nicht nur für den Kran mit Tretrad im alten Rom, die Paddelradschiffe im alten China, die im Innern über Treträder angetrieben wurden, sondern auch für die Wasserräder und für das uns allen bekannte Spinnrad mit Fußtritt.

Alle diese Techniken finden sich wieder in den genialen Überlegungen und Vorstellungen der Geistesriesen der Renaissance. Engels nannte diese Zeit die der größten pro-

Darstellung von Albrecht Dürer (1471–1528). Den Wagen bewegten Landsknechte.

gressiven Umwälzung, die die Menschheit bis dahin erlebt hatte.

Das Ideal dieser Zeit, der allseitige Mensch, „der l'homo universale“ setzte mit seiner nur ihm eigenen Fähigkeit die ihm gegebenen geistigen und körperlichen Kräfte zu seinem Nutzen ein. Es nimmt nicht wunder, daß zu dieser Zeit auch der Muskelkraftwagen seine Renaissance hatte.

So entstanden auf dem Papier phantastische Entwürfe. Albrecht Dürer zeichnete einen Wagen, den Landsknechte durch ihre Muskelkraft antrieben. Doch selten ließen sich solche Entwürfe verwirklichen, waren diese Wagen doch sehr schwer und unbeweglich. Ein Fußgänger kam schneller voran als der Fahrgast solch einer Karosse.

Zwei der bedeutendsten Prachtwagen stammen von dem

Nürnberger Zirkelschmied Johann Hautsch. Mittels verschiedener Hebel und Zahnradübersetzungen trieb er dieses Gefährt von Hand an. Mit einem seiner Wagen erreichte Hautsch 1649 in Nürnberg eine Stundengeschwindigkeit von 2000 Schritt (1,5 Kilometer). Die Fahrt glich einer Theatervorstellung: Zwischen den Vorderrädern rollte ein Drache wild mit den Augen. Zwei seitlich befestigte Engel bliesen auf der Posaune, ein weiterer Drache spie Wasser. Der schwedische Thronfolger Karl Gustav zahlte dem Erfinder 500 Reichstaler dafür. Im Festzug anläßlich seiner Krönung erregte dieses rollende Ungetüm beträchtliches Aufsehen. Einen zweiten Wagen konnte Hautsch noch an den dänischen Königshof verkaufen. Als der in Altdorf bei Nürnberg lebende Uhrmacher Stephan Farffler, der beide Beine verloren hatte, von der Erfindung Hautschs erfuhr, beschloß der fromme Mann, einen ähnlichen Wagen zu basteln. Er trieb ihn mit einem Uhrwerk an, das er mit zwei Handkurbeln aufzog.

So mußte er nun nicht mehr auf seinen Kirchgang verzichten.

Auch Franzosen, Engländer und Italiener konstruierten in dieser Zeit „Reisewagen ohne Pferd". Doch sie blieben exotische Spielzeuge von Königen und Fürsten, die damit Macht und Reichtum zur Schau stellen wollten.

Letztlich war es die Qualität der Verkehrswege, der Zustand der Straßen, die alle Trethebelversuche scheitern ließen. So wollte zum Beispiel ein Bürger der Stadt Pirna 1504 mit einem „seltsamen Wagen mit Rädern, Schraubengezug ... ohne Pferd ..." nach Dresden fahren. Ein Mann saß obenauf und schraubte und schraubte und schraubte. Doch schon nach wenigen Metern hinter der Stadt soll er im Dreck steckengeblieben sein.

Der Engländer William Hooper bemerkte über seinen 1774 erfundenen Tretwagen, daß ein Fahren in Parks eine Erholung bedeute und auf Straßen mehr Qual als Vergnügen bereite.

Und so war es mehr Sehnsucht als Wirklichkeit, was die Chronik über einen Hautschen muskelkraftgetriebenen Prachtwagen schrieb:

„... welcher also frech geht und bedarff keiner Vorspannung weder von Pferden oder anders ...“

Eins waren sie alle nicht: Verkehrsmittel.

Alle Trethebelversuche blieben im wahrsten Sinne des Wortes im Straßendreck stecken. In den größeren Städten war der Boden selbst dort, wo es keine Straßenpflasterung gab, einigermaßen fest. Abwässer, Pfützen und Schlaglöcher, Gruben und Wasserrinnen bedeuteten für die Kutschen keine ernsthaften Hindernisse. Doch die Überlandstraßen hatten es in sich. In den seltensten Fällen waren sie mit kleinen „Steinwürfeln“ gepflastert. Schlamm und Schlaglöcher, Staub und Dreck waren das Alltägliche.

Erst im 18. Jahrhundert begann der systematische Straßenbau. Napoleon überzog Europa für den Transport seiner Truppen mit einem gewaltigen Straßennetz. Trotzdem bleiben das Reitpferd und der Karren das beste Transportmittel.

Erst zu Beginn des 19. Jahrhunderts bauten Engländer Straßen mit Teerbelag.

Die Konstrukteure späterer Zeiten begannen jedenfalls ganz von vorn. Das Fahrradprinzip kannten sie noch nicht. Der alte Drahtesel wurde immer wieder neu erfunden. Dabei wuchs so manche Stilblüte am Baum der Erkenntnis. So war es wohl mehr Zufall, daß zur Zeit der Französischen Revolution von 1789, in der Zeit des großen gesellschaftlichen Umbruchs, ein „Spielzeug“ beliebt wurde, das Historiker gern als den Vorläufer des Fahrrades bezeichnen.

Es war ein gewisser Graf de Sivrac, der in den Gärten des Palais Royal 1791 Pariser Bürger auf einer Laufmaschine ohne Lenkung in Erstaunen setzte. Er nannte sein Gefährt Célérifère, zu deutsch soviel wie: Ich trage beziehungsweise werde von der Geschwindigkeit getragen. Dieses Wunderwerk technischer Spielerei, häufig noch mit einem Pferdekopf versehen, hatte Ähnlichkeit mit einem fahrbaren Schaukelpferd. Nur so bequem war es beleibe nicht. Zwei Holzräder, verbunden durch einen Holzrahmen, liefen in einer Spur.

Aufwendig und schwierig gestalteten sich die Fahrten in einer Kurve, im Zweifelsfall stieg man ab, hob das Gefährt in die gewünschte Richtung und fuhr weiter. Ganz abgesehen davon, daß es wohl einer kleinen artistischen Meisterleistung glich, diese Dinger aufrecht zu halten. Trotzdem fanden sich für dieses neumodische Fahrzeug eine ganze Reihe Bewunderer. Das Auftauchen der „Laufmaschine" wuchs sich zu einem gesellschaftlichen Ereignis aus. Der Anblick eines Célérifère-Fahrers wurde eine Sensation für die anwesenden Damen und Herren. Die Laufräder eroberten sich sehr schnell die Herzen der Pariser Gesellschaft. Kleine Wettfahrten fanden statt. Die Laufradler gründeten erste Klubs. Sogar eine Oper wurde ihnen zu Ehren komponiert, sie wurde zu Napoleons Kaiserkrönung uraufgeführt. Zweifellos gab es schon vor den Pariser Laufrädern Bemühungen, gleichartige Konstruktionen herzustellen. Doch sind sie weder populär noch bekannt geworden.

Es wurden praktische Versuche unternommen, sich dem Prinzip der Fortbewegung mittels eigener oder anderer menschlicher Muskelkraft zu nähern.

Die in jener Zeit gebauten Laufmaschinen waren unbequem und unförmige, nichtlenkbare Vehikel, doch ihre Konstruktion beruhte auf dem bedeutsamen Prinzip „Rollen ist leichter als Gehen". Zum Teil heute noch existierenden Modellen, zum Beispiel dem Laufrad des Stellmachers Michael Kaßler aus Braunsbedra bei Leipzig, einem Laufrad mit einem lenkbarem Vorderrad, wird die Ehre zugesprochen, angeblich das erste Fahrrad zu sein. Dieses Laufrad hat, wie viele andere Konstruktionen, mehr Verwirrung in die Geschichte des Laufrades gebracht. So sind bis heute das genaue Alter und die tatsächliche Herkunft des merkwürdigen Gefährts nicht zweifelsfrei nachweisbar.

Ähnlich verhält es sich mit vielen anderen Beispielen, die zur Verwandlung des Laufrades zum Fahrrad beigetragen haben, ob es nun zur gleichen Zeit in England, Frankreich oder in Deutschland geschah.

Doch genug der Vorgeschichte unseres Fahrrades. Betreten wir die eigentliche Arena der Velohistorie.

Wie die Räder rollen lernten

Laufend sitzen

Am 29. April 1785 ging ein Stern in der Geschichte des Fahrrades auf. In Karlsruhe wurde ein Knabe geboren. Seine Eltern nannten ihn Karl Friedrich Christian Ludwig. Der Fürstliche Hof- und Regierungsrat, der spätere Obergerichtspräsident Drais von Sauerbronn, und seine Frau, die geborene Baronin, begrüßten zur Taufe neben hochgestellten Persönlichkeiten den Landesherrn Markgraf Carl Friedrich zu Baden.

Aus wohlhalbendem Hause stammend, wuchs der junge Freiherr von Drais in einer politisch bewegten Zeit umsorgt und sicher auf. Ganz in der Tradition seiner Familie stehend, sollte er Jurist werden. Doch mehr interessierten ihn die Naturwissenschaften und die Technik. Mathematik, Phyisik und Mechanik waren seine Lieblingsfächer. Einen Kompromiß zwischen seinen Neigungen und den Wünschen seiner Eltern suchend, ließ er sich als Forstmeister ausbilden. Begabt und fleißig beendete er seine Ausbildung mit der Note „vorzüglich". Seine Karriere am badischen Hof war schnell und steil, hatte er doch in seinem Landesherrn einen großen Förderer und Gönner.

1810, gerade 25 Jahre alt, avancierte er zum Badischen Forstmeister. Doch schon zu dieser Zeit hatte er genug vom Wald. Er vernachlässigte die Biologie, die Mechanik fesselte ihn mehr. Eine Reihe von bemerkenswerten Erfindungen künden davon: eine Tastenschreibmaschine, Tageslichtreflektoren für dunkle Räume, eine Fleischhackmaschine und ein Doppelspiegel, mit dem man um die Ecke sehen konnte.

Es ist die Zeit der großen Erfindungen und Entdeckungen. Europa ist vom Fieber des aufkommenden Kapitalismus, einer neuen Gesellschaftsordnung, infiziert.

In England verwandelten der Dampf und die neue Werkzeugmaschinerie die Manufaktur in die moderne große Industrie und revolutionierten damit die ganze Grundlage der bürgerlichen Gesellschaft. Den Mittelpunkt dieser zunächst die Technik ergreifenden radikalen Wandlung bildete die mechanische Maschinerie. Alle übrigen technischen Errungenschaften dieser Zeit standen mit ihr in unlösbarem Zusammenhang.

Der Geist dieser Zeit prägte auch das Handeln von Karl von Drais'. Fieberhaft arbeitete und tüftelte er Tag für Tag. Im Spätsommer 1813 war es dann zum erstenmal soweit: Er stellte der Öffentlichkeit einen vierrädrigen Wagen vor, den er selbst ohne Pferde bewegte. Der Erfinder dieses wunderlichen Gefährts erregte damit großes Aufsehen. Das „Badische Magazin" vom 22. Dezember 1813 wußte sogar zu berichten, daß der Freiherr von Drais dieses Vehikel dem russischen Zaren Alexander I. vorgestellt habe, der auf der Durchfahrt zum Wiener Kongreß in Karlsruhe Station machte. Beeindruckt und sichtlich vergnügt, schenkte ihm der Monarch einen Diamantring und schlug vor, den mechanischen Wagen doch dem Wiener Kongreß vorzustellen. In der Hoffnung auf das große Geschäft und das noch größer Geld transportierte er seinen Wagen nach Wien. Der Beifall und die Anerkennung, die Drais fand, waren groß. Doch der Kongreß „tanzte" lieber und war wenig am Geschäft interessiert, geschweige an der politischen Arbeit.

Enttäuscht über den wiederholten Mißerfolg kehrte

Drais heim. Hatte ihm doch schon vorher in seinem Heimatland der Verkehrssachverständige für den Badischen Straßen- und Wasserbau ein Patent auf seine „Wagen ohne Pferde" abgelehnt. Nicht nur, weil der Wagen viel zu schwerfällig war, sondern vor allem, weil es gesünder sei, zu Fuß zu gehen.

Doch die neue Zeit ließ sich nicht aufhalten. Drais hatte den Fortschritt auf seiner Seite. Er ließ sich nicht entmutigen. Fleißig tüftelte er weiter. Er hatte erkannt, daß loser Sand, Schlamm und viele Schlaglöcher sein Gefährt nicht in Fahrt kommen ließen. Das neue „Fahrzeug" mußte den Umständen entsprechend einspurig sein. Zwei rollende Räder, sagte er sich, bringen einen geringeren Widerstand auf als vier. Braucht der Fußgänger bei jedem Schritt, indem er den Schwerpunkt verlagert, unnötige Energie, so kann der Fahrer all seine Kraft für die Vorwärtsbewegung einsetzen.

Die Schnellaufmaschine des Freiherrn Karl Friedrich Christian Drais von Sauerbronn (1785–1851)

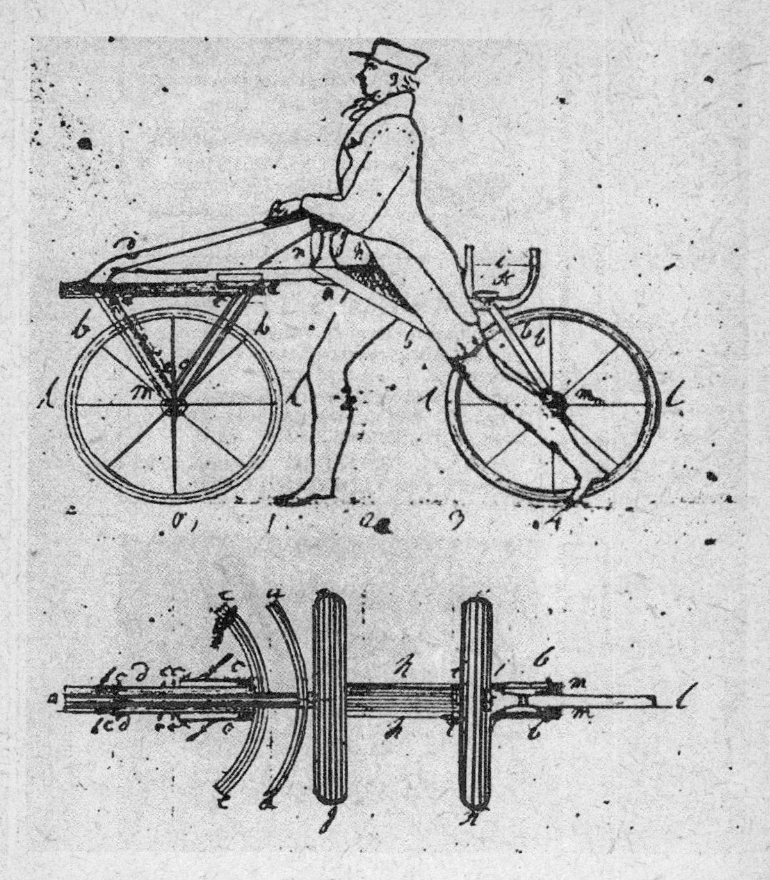

Skizze der Drais'schen Schnellaufmaschine, die dem Patentantrag an das Land Baden beilag.

Das neue „alte“ Prinzip war geboren. Die hölzerne Laufmaschine konnte der Besitzer lenken und sich damit auf den Straßen den besten Weg suchen.

1816 reichte Drais die Patentschrift erneut am badischen Hofe ein. Straßenbaudirektor Tulla erstellte wieder die Expertise. Sie fiel auch diesmal negativ aus. Einen gewissen Neuheitsgrad mußte Tulla ihm aber doch bestätigen.

Am 12. Januar 1818 erhielt Drais dann endlich das auf zehn Jahre befristete großherzogliche Patent: Lenkbares Laufrad.

Die Aktivitäten des Laufrad-Barons vertrugen sich jedoch nicht mit seiner Stellung als Großherzoglicher Badischer Forstmeister: er quittierte seinen Dienst. Zwei Wochen später wurde ihm der Titel eines Professors der Mechanik verliehen. Die Welt schien wieder in Ordnung.

Ein neuer Abschnitt begann für Drais. Es galt nun vor allem, die neue Erfindung zu propagieren und sie überall bekanntzumachen. Hoffte doch der Erfinder nun endlich auf das große Geschäft.

Drais verschickte eine Werbeschrift für sein Laufrad:
„Beschaffenheit und Eigenschaften:
Diese Erfindung ist aus dem einfachen Gedanken entstanden, einen auf zwei Rädern befestigten Sitz mittels der Füße fortzubewegen.

1. Bergauf geht die Maschine, auf guten Landstraßen, so schnell als ein guter Mensch im starken Schritt.
2. Auf der Ebene, selbst sogleich nach einem starken Gewitterregen, wie die Stafetten der Posten, in einer Stunde …

4. Bergab schneller als ein Pferd in Carrière …

Zur Grundlage meiner Theorie bediente ich mich des sehr bekannten Mechanismus des Rades und wendete dasselbe in einfachster Weise auf den Gang des Menschen an. …
Handhabung des Velocipeds:
Nachdem man sich über dasselbe, ähnlich wie auf den nebenstehenden Bildern, gestellt hat …, stützt man die Arme auf das Balancierbrett und versucht Gleichgewicht zu halten. … Die leicht bewegliche Lenkstange wird mit beiden Händen gehalten und dient dazu, dem Velociped die Richtung zu geben. … Alsdann stelle man die Füße leicht auf den Boden und mache in der Richtung der nach vorn laufenden Räder große Schritte … Erst nachdem man die vollkommene Fertigkeit im Halten des Gleichgewichts und im Lenken des Velocipeds erreicht hat, darf man versuchen, die Bewegung der Füße zu vergrößern und dieselben häufig in der Luft zu halten …“ (Rauck, Volke, Paturi, S. 18/19)

Ew. Majestät

Im Hinblick auf das Glück, gestern Ew. Majestät (dem König der grössten Nation) vorgestellt worden zu sein, überreiche ich Ihnen einliegend in zwei Blättern zwei Erfindungen mit meinen diesbezüglichen Empfehlungen und bitte Sie, mir gnädigst die Erfüllung meiner unterthänigen Bitte zu gewähren, die mich sehr wahrscheinlich in den Stand setzen würde, bald noch andere nützliche Erfindungen auszuführen, die ich nicht ermangeln werde, gleichfalls Ew. Majestät zu Füssen zu legen.

Die beiden anderen Blätter sind Beweise der Solidität meiner Werke.

In tiefster Ehrfurcht verharre ich

Ew. Majestät
untherthänigster und gehorsamster Diener

Karl, Baron von Drais,
Kammerherr Sr. Kgl. Hoheit des Grossherzogs von Baden,
Erfinder der Draisinen.

Minden, den 31. Oct. 1821.

Einer der Werbebriefe, mit denen sich Baron Drais an Könige und Fürsten wandte.

Als Extras bot der ehemalige Forstmeister an: eine in der Höhe verstellbare Sitzfläche, zwei hintereinander befindliche Sitze, oder drei- beziehungsweise vierrädrige Gefährte zur Mitnahme von Damen. Zur Ausstattung gehörten, wenn erwünscht, Sonnenschirme, Lampen und beliebige Verzierungen. Später erweiterte er sein Angebot: Gepäckträger, Fußrasten für die Erholung der Füße und eine Fahrradbremse mit Bremsschnur. Dinge, die uns von unserem heutigen Fahrrad gar nicht so unbekannt sind.

Drais nannte von nun an seine Laufmaschine nicht mehr Velociped (Schnellfuß) sondern Draisine. Er schrieb Briefe in die ganze Welt und an viele Fürsten- und Königshöfe. Er begann eine große Werbekampagne. Gleichzeitig veranstaltete er eine Reihe von öffentlichen Fahrten, die als Vorführung der Draisine gedacht waren.

Trotz des Spottes seiner Mitmenschen testete er auf den holprigen Straßen und Wegen seine Fahrmaschine auf Herz und Nieren. Blanker Hohn verfolgte den Laufrad-Baron, wenn er auf den Wegen unterwegs war, und mit seinem „Knochenschüttler“ wurde er zum Lieblingsobjekt von

Karikaturisten und Zeitungsschreibern. Wenn Drais Tag für Tag in seiner abgetragenen Forstmeisteruniform – grüner Frack mit goldenen Knöpfen, schwarze Hose und schäbiges Käppi – mit seiner Draisine durch die Straßen holperte, mußte er ja zur Zielscheibe des Spottes werden. Doch er war überzeugt von seiner Erfindung. Und so mancher Erfolg schien ihm recht zu geben.

Im Sommer 1817 hatte er eine Wette gewonnen, indem er eine Strecke von rund 50 Kilometern in vier Stunden zurücklegte. Die Pferdepost benötigte damals die vierfache Zeit. Am 12. Juli desselben Jahres bewältigte er eine 4-Poststunden-Wegstrecke in einer Stunde.

Die „Karlsruher Zeitung“ vom 1. August 1817 berichtete darüber: „Der Forstmeister Freiherr Carl Drais, welcher, nach glaubwürdigen Zeugnissen, schon Donnerstag, den 12. Juli dieses Jahres, mit der neuesten Gattung seiner von ihm erfundenen Fahrmaschine ohne Pferd von Mannheim bis an das Schwetzinger Relaishaus und wieder zurück, also gegen vier Poststunden Weges in einer kleinen Stunde Zeit gefahren ist, hat mit der nämlichen Maschine den steilen, zwei Stunden betragenden Gebirgsweg von Gernsbach nach Baden in ungefähr einer Stunde zurückgelegt und auch hier mehrere Kunstliebhaber von der Schnelligkeit dieser sehr interessanten Fahrmaschine überzeugt.“

Das Geschäft ließ sich gut an. Zu den ersten Käufern gehörten Grafen und Herzöge. Auch die Pariser wollte Drais von der Schnelligkeit und den Vorzügen seiner Draisine überzeugen. Durch einen Vortrag in Frankfurt verhindert, schickte er einen seiner Untergebenen. Der war aber im Umgang mit dem schweren, mit eisenbeschlagenen Holzreifen versehenen Maschine nicht so geübt. Er konnte nicht „radfahren“ und war nicht viel schneller als die Kinderschar, die ihm unter großem Hallo folgte. Kritiker dieser technischen Neuerung, Zweifler und Fortschrittspessimisten kamen auf ihre Kosten.

Eine französische Zeitung vermeldete etwas spöttisch, das Gerät sei gerade gut genug zum Spielen für Kinder. Trotz dieses Mißerfolges erwarb unter anderem die französische Postverwaltung eine Anzahl von „Fahrmaschinen“.

Das Wappen derer von Drais zu Sauerbronn vergab der Baron als silberne Lizenzmarken für seine Laufmaschinen. Den Vorläufer unserer heutigen Steuerkopfschilder mußten die Käufer gut sichtbar am Lenker befestigen.

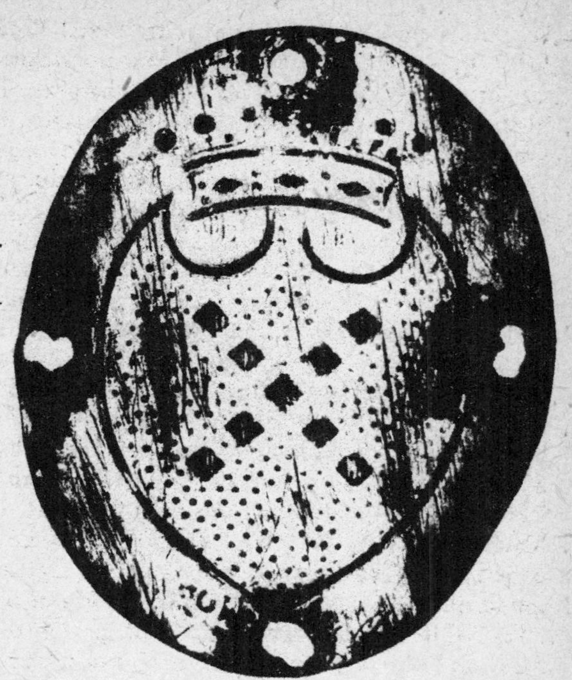

Landbriefträger holperten fortan nicht nur in Frankreich über die Landstraßen. Adlige wie der Großherzog von Sachsen-Weimar oder der Herzog von Gotha brauchten die bestellten Maschinen nur zum Zeitvertreib.

Von solchen Erfolgen angestachelt, wollte Drais über das Land Baden hinaus seine Erfindung auch in anderen deutschen Kleinstaaten und Ländern patentrechtlich schützen. Im Dezember 1818 soll er das Preußische Privileg erhalten haben, nachdem ihm ein Auftrag zum Bau einer Fahrmaschine für den preußischen König zugegangen war.

In England, Frankreich und in New York wurden fortan Draisinen nach des Forstmeisters Patent vertrieben. Vorerst übernahmen hauptsächlich Kutschenmacher oder Anwälte die Lizenzen. Drais kassierte dafür sowohl im In- wie im Ausland Gebühren. Diese quittierte er mit silbernen Lizenzmarken, die das Wappen derer von Drais trugen und am Lenkhebel einer jeden Laufmaschine prangten. Die Steuerkopfschilder unserer heutigen Fahrräder erblickten damit vermutlich das Licht der Welt.

Doch noch immer stellte sich das große Geld nicht ein. Versuche, eine eigene Laufradfabrik zu gründen, scheiterten, ehe sie begannen. Es fand sich niemand, der das Geld für eine Serienproduktion gab.

Auch im Ausland ließ das anfänglich euphorische Interesse nach. Die Zahlung der Lizenzgelder versiegte. In England zum Beispiel verbot der Rechnungshof der Post die Benutzung der Laufräder. Die Kosten für die Reparatur der abgelaufenen Schuhe für die Briefträger erschienen ihm zu hoch.

Hier und da regte sich nun auch schon eine beachtliche Konkurrenz, gegen die sich der verarmte Erfinder nicht mehr wehren konnte. Sogar das Londoner „Velodrom", eine speziell für die Benutzung von Laufrädern eingerichtete Arena, mußte schließen, da die Vorführungen mit Laufrädern zu „gefährlich" schienen. Und in Deutschland schädigten schon bald illegale Nachbauten das Geschäft des Barons.

Von Europa enttäuscht, begab sich Drais 1825 mit seinen Ersparnissen auf eine vierjährige Forschungsreise nach Brasilien. Von dort zurückgekehrt, ging ihm endgültig das Geld aus. Seine Schreiben und Bittgesuche wurden immer länger, ihr Inhalt immer sonderbarer, die Sprache unwirsch und polternd. Resigniert und enttäuscht zog er sich in einen kleinen Ort im Odenwald zurück. Er konstruierte noch einen durch Kurbeln und Handhebel zu bewegenden Schienenwagen. Dieses Fahrzeug wurde bis in die Mitte des 20. Jahrhunderts von den Streckenarbeitern der Eisenbahnen benutzt: die Draisine.

Von 1841 an lebte Drais bei seinen Schwestern in Karlsruhe. Er fristete die letzten Jahre seines Lebens als von Ort zu Ort ziehender Schausteller mit einer ihm noch verbliebenen Laufmaschine, um seine „Kunststückchen" vorzuführen. Er war am Ende der sozialen Leiter angekommen. Schon Jahre vorher hatte er seinen Ehrensold und seinen

Das Tretkurbel-Laufrad von Philipp Moritz Fischer um 1850

Kammerherrntitel verloren. Anlaß dafür war eine handgreifliche Auseinandersetzung mit einem englischen Tingeltangelkünstler in einem drittklassigen Wirtshaus. Hatte doch dieser gerade die Erfindung Drais' verlacht, die seine größte war: die Laufmaschine.

Im Alter von 66 Jahren, am 10. Dezember 1851, starb Freiherr Karl von Drais in Karlsruhe. Der Mann, der das gesündeste und verbreitetste Verkehrsmittel erfand, hinterließ eine von ihm erfundene Kochmaschine, eine Schnellschreibmaschine und seinen „Schnellfuß", das hölzerne Laufrad, sowie 30 Gulden und 54 Kreuzer.

Schnell war der Name eines Mannes vergessen, der die menschlichen „Körper schnell bewegen lehrte". Doch er hatte mit seiner Erfindung eine Idee in die Welt gesetzt, die fortwirkte. 1891 ließ der „Deutsche-Radfahrer-Bund" die sterblichen Überreste des Fahrradpioniers umbetten und setzte Drais in Karlsruhe ein würdiges Denkmal. Heute existieren noch etwa 40 Laufräder aus der Zeit von 1818 bis ungefähr 1845. In Museen haben sie ihren Ehrenplatz.

War nun Drais der Erfinder der lenkbaren Laufmaschine, war ihm die Idee gekommen, oder kannte er schon existierende Modelle?

Es ist nicht auszuschließen, daß es zur gleichen Zeit ähnliche Entwicklungen beziehungsweise Erfindungen gab, die aber nicht bekannt wurden, die Chronik kann darauf keine eindeutige Antwort geben.

Deutsche Autoren der Jahrhundertwende feierten jedenfalls Drais im Taumel patriotischen Hochgefühls als den Erfinder des Fahrrades. Sicher ist, das Draissche Laufrad fand in der Welt Verbreitung und trug wesentlich dazu bei, dem Siegeszug des zukünftigen Fahrrades grundsätzlich den Weg zu ebnen. In Frankreich rollte der „Schnellfuß" als Vélocipède und in England als Fußgängersteckenpferd oder Stutzerpferd (engl. hobby-horse oder dandy-horse).

Man entwickelte sogar für die Damen mit ihren langen Kleidern eine spezielle Maschine, bei der die Räder statt durch einen geraden Rücken durch ein U verbunden wurden. In England baute man 1820 eine Laufmaschine erstmals ganz aus Metall. Auch die englische Post begann, sich wieder dafür zu interessieren. Pfiffige Geschäftsleute eröffneten eine Hobby-Horse-Riding-School in London. Da konnte jeder, der wollte und zahlen konnte, in einer ehemaligen Reithalle zum Vergnügen im Kreis herumfahren.

Obwohl die Räder rollten, knobelten Erfinder und Konstrukteure weiter. Sie verbesserten mit ihren Erfahrungen die Laufmaschine zunehmend. So versuchte einer, die Laufmaschine mit Handhebeln anzutreiben beziehungsweise sie mit Hilfe eines Zahnradsegments am Vorderrad und mittels eines Handhebels in Bewegung zu setzen. Auf diese Draisine erhielt der Engländer Competz 1821 ein Patent. Zu schnell erlahmte jedoch bei der Handhabung dieses Geräts die Armmuskulatur, und so blieb auch dieses Laufrad nur eine Episode.

Der englische Schmied Macimillian entwickelte eine Maschine, die mit Hilfe von Fußtrethebeln über das Hinterrad angetrieben wurde. Ein unmittelbarer Vorläufer unseres heutigen Fahrrades erschien damit auf der Straße. Auch diese Erfindung blieb noch ohne große Resonanz.

Ernest Michaux mit seinem Tretkurbelfahrrad

Der Alternativvorschlag: die Tretkurbel am Vorderrad. 1853 machte der deutsche Instrumentenmacher Philipp Moritz Fischer aus Schweinfurt das Laufrad zum Tretrad. Er brachte an seinem hölzernen, eisenbereiften Zweirad zum erstenmal Tretkurbeln an der Vorderachse an. Mit dem von ihm gebauten Vehikel besuchte er seine Kunden. Unabhängig von ihm bauten danach noch nachweislich zwei andere Erfinder Tretkurbelräder. Doch diese ersten Versuche fanden nur regional Interesse. Der Gedanke, das Vorderrad mit einer Tretkurbel zu drehen, lag aber in der Luft.

1861 war es dann soweit: Der Pariser Wagenbauer Michaux brachte am Vorderrad zwei Tretkurbeln an. Doch viele beanspruchten für sich, die Erfinder des Tretkurbelmechanismus zu sein. Michaux jedenfalls gelang es als erstem, aus seiner Erfindung ein gutgehendes Geschäft zu machen. Sein Modell setzte sich durch und die weitere Entwicklung des Fahrrades. 1869 baute er in Paris eine große Zweiradfabrik, und im selben Jahr organisierte er eine internationale Veloausstellung. Klein und bescheiden fing es an, doch damit begann die Entwicklung eines neuen Industriezweigs: der Fahrradindustrie. Michaux beschäftigte bald 300 Arbeiter in seiner noch nach dem Manufakturprinzip organisierten Fabrik. Aufträge aus der ganzen Welt gingen ein. In Paris und Genf entstanden erste Veloklubs, und in Grenoble erschien eine Zeitung für den Velosport.

Auf der Pariser Veloausstellung verkaufte Michaux eine Lizenz an eine englische Nähmaschinenfabrik, die sehr schnell mit der Produktion der „Boneshakers" (Knochenschüttler) begann: Konkurrenz für Michaux.

Michaux starb 1883 wie Drais: völlig verarmt.

Schwerfällig rollten Fahrräder übers Land. Ihre gravierenden Mängel: eine schwerfällige Holzkonstruktion, eine Eisenbereifung der Holzräder und eine zu geringe Übersetzung, die ja unmittelbar von der Größe des Vorderrades abhing, und ein zu großer Reibungswiderstand der Lager, die sich außerdem sehr schnell abnutzten. Die Erfinder fühlten sich herausgefordert.

Am laufenden Band

Der Marineingenieur John Penn in England kaufte 1861 seiner Frau ein neuartiges Gerät für die Hausarbeit: eine Nähmaschine. Doch das teure Gerät funktionierte nicht. Ein Hausangestellter, der Untergärtner und technisch interessierte junge Mann James Starley, reparierte sie. Das beeindruckte den Hausherrn sehr, und er beschloß, für das berufliche Fortkommen des Jungen zu sorgen. Er besorgte ihm bei einer Nähmaschinenfabrik eine Stelle als Mechaniker. Da war der junge Starley in seinem Element.

Schon nach geraumer Zeit war sie da, die erste große technische Neuerung: eine Nähmaschine mit Fußhebel. Starleys ehemaliger Brotgeber, selbst Angestellter dieser Firma, erkannte die Gunst der Stunde. Gemeinsam mit dem jungen Starley gründete er eine eigene Nähmaschinenfirma. Anfangs lief das Geschäft ganz gut. Doch erst als ein Neffe des Mitbegründers ein Michaux-Rad aus Paris mitbrachte, war die Sache klar: Die Nähmaschinenfabrik von Coventry stellte ab sofort nur noch Fahrräder her. Der junge Starley nahm sich des neuen Produkts an: 1871 meldete er ein neues Modell zum Patent an. Mit Vollgummireifen und Speichen aus Stahldraht und einem größeren Vorderrad ausgerüstet, rollten diese Modelle wesentlich schneller als die herkömmlichen Michaulinen. Die Maschine wurde für 8 Pfund angeboten und erhielt den Namen „Ariel".

1878 gab es allein auf dem englischen Markt 300 verschiedene Modelle von 60 Herstellern.

Der Ariel-Grundtyp eines Fahrrades wurde zum Standard in ganz Europa. Bald fertigten nicht nur auf der Insel die Fahrradfabrikanten den neuen Typ. In Deutschland begann im Jahre 1868/69 Heinrich Büssing mit der industriellen Produktion von Zwei- und Dreirädern. 1870/71, zur Zeit des Deutsch-Französischen Krieges, fertigten deutsche Fabriken in Braunschweig, Stuttgart, Frankfurt am Main, Offenbach, Dresden und in Berlin Fahrräder in Serie. Die Nachfrage stieg sprunghaft. Weltweit wurden 1897 2 Millionen Fahrräder produziert, davon in den USA ungefähr 900000 Stück, in England 500000, in Deutschland 350000 und in Frankreich 90000, in Österreich-Ungarn 60000.

Es begann die Zeit der Massenproduktion auf großindustrieller Grundlage. Die Basis dafür war die austauschbare Massenproduktion, das heißt die massenhafte Herstellung solcher Gegenstände, die aus mehreren Teilen bestanden, von denen jedes Teil der einen Kategorie zu jedem Teilstück aller anderen Kategorien passen mußte. In den USA wurden beispielsweise Nähmaschinen und Fahrräder zuerst in Massenproduktion hergestellt. Der internationale Konkurrenzkampf begann. Der Streit um Absatzmärkte brach aus. In der zweiten Hälfte der siebziger Jahre konnten deutsche Käufer schon zwischen inländischen Modellen und englischen Fabrikaten wählen. 1889 gründeten in Leipzig Fabrikanten auf der ersten Fahrradausstellung in der Alberthalle den „Verein deutscher Fahrradfabrikanten". 1895 folgten die Fahrradhändler mit ihrem Verein. Dies waren Interessenverbände, die sich vor allem gegen die Übermacht und das Monopol ausländischer Konzerne bildeten.

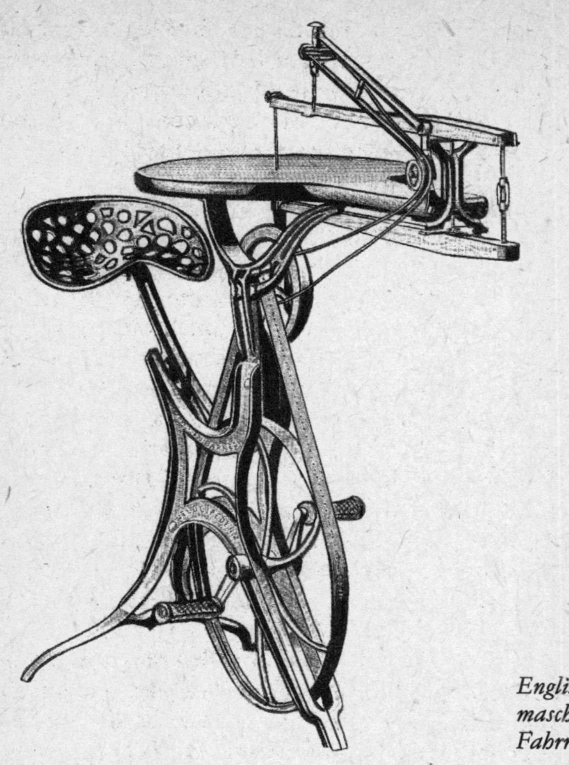

*Englische Näh-
maschine mit
Fahrraddesign*

Bereits die erste Fahrradausstellung 1889 in Leipzig machte die Überlegenheit der englischen Maschinen gegenüber den deutschen deutlich. Doch das sollte sich auf der zweiten Ausstellung wesentlich ändern. Sehr schnell holte die deutsche Industrie auf und wurde konkurrenzfähig.

Neben den eigentlichen Fahrradfabrikanten entstand ein verzweigtes Netz von Zulieferbetrieben. Diese stellten Sättel, Felgen, Kugellagerkugeln, Stahlröhren und Gummireifen her.

Massenproduktion verlangt Massen von Käufern. Anfänglich waren die Fahrradpreise aber noch sehr hoch. Nur wenige konnten sich einen fahrbaren Untersatz leisten. Ein

Facharbeiter verdiente ungefähr 110 Reichsmark, ein Fahrrad kostete aber um 1870 noch zwischen 600 und 750 Reichsmark.

Die Massenfabrikation auf der ganzen Welt hatte den Markt gesättigt. Da die Herstellungskosten durch die Massenproduktion sanken, konnten die Großhersteller im Interesse des Absatzes gegenseitig den Preis unterbieten. In Deutschland versuchte man, die billigen Importe aus den USA beispielsweise mit erhöhten Zöllen zu belegen, doch vergeblich. Unter dem Druck des amerikanischen Marktes sanken auch hier die Preise. Gleichzeitig stieg natürlich die Nachfrage nach Fahrrädern gewaltig an.

Das ARIEL-Fahrrad von Starley. Die Haarnadel-Drahtspeichen dieses Modells ließen sich durch Verdrehen der Nabe zentral spannen. Ein englisches Patent von 1870.

Werbung in einschlägiger Fachliteratur und in den Tageszeitungen

Das billige Volksrad entstand. Bis 1910 sank der Preis für ein Fahrrad auf 28 Reichsmark. Technische Verbesserungen, die zur Sicherheit es Fahrrades beitrugen und das Fahrradfahren für jedermann erlernbar machten, waren wesentliche Voraussetzungen dafür.

Es war die Zeit angebrochen, die den Vater der englischen Fahrradindustrie, Starley, auf seinem Totenbett zu folgender optimistischen Prognose verleitete: „Solange die Menschheit Arme und Beine rühren kann, hört das Radfahren nicht auf!" (Salvisberg, S. 213) Bis auf den heutigen Tag strampeln Millionen Menschen unentwegt auf den Straßen und Wegen unserer Erde.

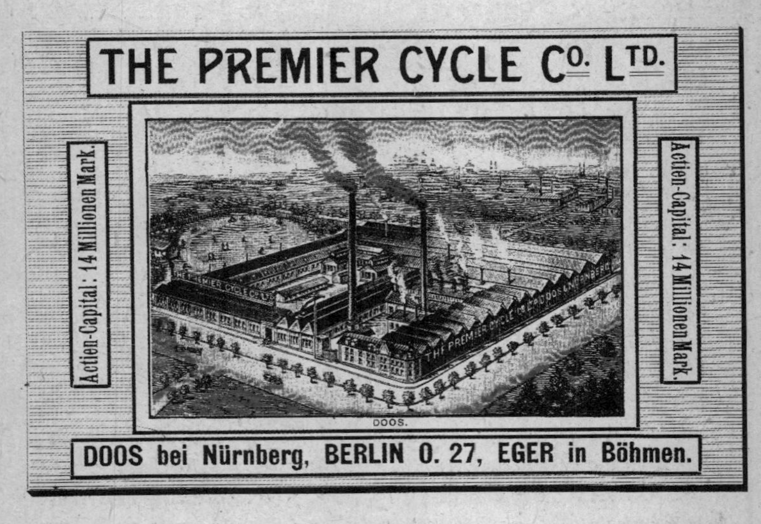

Fabrikansicht einer englischen Fahrradfabrikationsstätte aus einem Werbekatalog für Deutschland.

Von oben treten

Der Ariel-Grundtyp des Fahrrades von Starley lief nun überall in Europa; genannt wurde er Ordinary-Bicycle oder kurz Ordinary.

Wie kam es dazu?

Die Dampfmaschine und die damit verbundene Entwicklung der Lokomotive setzten die Maßstäbe für die Geschwindigkeit. Dem eiferten die Fahrradfahrer nach. Starleys Hochrad entsprach ganz der Zeit. Seiner Erfindung lag folgende Überlegung zugrunde: Die alten Fahrräder erreichten bei jedem Tritt nur den Weg des halben Umfangs des Vorderrades, an dem die Tretkurbel angebracht war. Die Alternative bestand nun in der Vergrößerung des Vorderrades. Gleichzeitig lehrte die Erfahrung, daß der Mensch die größte Kraft aufwenden kann und am wenigsten ermüdet, wenn er von oben nach unten tritt. Die Schlußfolgerung: Der Durchmesser des Vorderrades wurde vergrößert und der Sattel über der Vorderachse angebracht. Damit war das uns allen bekannte Hochrad entstanden.

Die neuen Hochräder fuhren nun tatsächlich schneller als die alten Michaulinen. Denn bei einer Tretkurbelumdrehung legten sie den Weg des Umfangs des Vorderrades zurück. Mit dem ARIEL schaffte der Radler eine Strecke von 3,93 Metern und mit der herkömmlichen Michauline nur 2,83 Meter.

Entscheidend für die Geschwindigkeit blieb aber die Beinlänge des Fahrers, denn von ihr hingen die Länge der Kurbelarme und die Größe des Vorderrades ab.

Der Wille, immer schneller zu fahren, beflügelte die Phantasie der Erfinder. Sie bauten immer größere Hochräder. Starley selbst entwickelte ein Vorderrad mit einem Durchmesser von 2,30 Metern. Dadurch rückte der Sattel immer mehr über die Mitte des Vorderrades. Der Schwerpunkt verlagerte sich gefährlich nach vorn und in die Höhe. Radfahren glich immer mehr einem artistischen Balanceakt. Stürze waren an der Tagesordnung. Unebenheiten auf der Straße, Löcher, Äste oder Steine führten zu Unfällen mit mancherorts sogar tödlichem Ausgang. Hier und da verboten Behörden das Hochradfahren. Kluge Erfinder entwikkelten deshalb eine Lenkstange, die sich beim Sturz nach vorn selbständig vom Rahmen löste.

Noch blieb das Fahrrad ein Spielzeug der Reichen. Doch neben Adligen traten zunehmend Bürger auf die Pedale. Die industrielle Revolution brachte dem Bürgertum, besonders der Industriebourgeoisie, das große Geld. Es gehörte zum guten Ton, Hochrad zu fahren, sich dem Fortschritt auch in der Freizeit, und wenn es hoch oben war, zu stellen. Velosalons schossen wie die Pilze aus dem Boden. Unter fachmännischer Anleitung konnte man das „Fahren" erlernen.

Die ersten Rennen auf Hochrädern fanden statt. Favorisiert waren dabei die Langbeinigen. Sie konnten ein Rad mit einem größeren Vorderraddurchmesser verwenden. Die Kurzbeinigen hatten das Nachsehen. 1878 konstituierte sich in London der erste Velofahrerverband, der die ersten Meisterschaften über eine Meile startete. Radwanderungen kamen in Mode, und ein Engländer strampelte zwischen 1884 und 1886 mit dem Hochrad als erster rund um die Erde. Dies war natürlich Reklame für die Hersteller. Die Rangelei um die Absatzmärkte begann.

Das entscheidende Maß für die Wahl des Hochrades: die Beinlänge des Fahrers.

Auf der sogenannten Starley-Show im Kristallpalast in London, einer der ersten Fahrradausstellungen, wurden 1878 die neuesten Konstruktionen und Zubehörteile vorgestellt. Eine Vielzahl von Veranstaltungen hielten das Interesse am Hochradfahren wach.

Auch in Deutschland waren die von oben tretenden Gesellen aus den Stadtbildern und den Parks der Städte nicht mehr wegzudenken. Wie das zum Beispiel im Berliner Leben jener Tage aussah, berichtet Annemarie Lange in ihrem Buch „Berlin zur Zeit Bebels und Bismarcks“:
„Schon tauchten die Fahrräder auf: seit 1869 die französischen Velocipeds' mit Tretkurbeln, in den siebziger Jahren englische Hochräder, 1870 gab es bereits eine Radfahrschule in Berlin – 1880 sah sich die berittene Polizei veranlaßt, den Verkehr mit Hochrädern in der Innenstadt einzu-

schränken, weil ihre Pferde vor den merkwürdigen Maschinen scheuten.

Dieser Sport war zunächst recht teuer (noch Anfang der neunziger Jahre kostete eine englische „Raleigh“ über 600 Mark), wurde aber sehr schnell populär, daß 1881 ein Charlottenburger Gastwirt, der damalige Pächter der „Flora“, das erste Berliner Radrennen in seinem Stall veranstaltete.“ (Lange, S. 512–513)

1889 eröffnete in Leipzig die erste Fahrradausstellung ihr Tore. 65 deutsche Fahrrad- und Zubehörfabriken beteiligten sich. Im selben Jahr erschien dort die Zeitung „Das Fahrrad“. Das erste Rennen in Deutschland fand 1880 in

Verkaufskatalog für ein Hochrad, bei diesem Raddurchmesser mußte man schon ein Könner sein.

Hochradfahren war gefährlich. Ein Sicherheitslenker sollte da „halsbrecherische" Kopfstürze verhindern.

München statt. Die erste Radsportzeitschrift „Das Velociped" wurde 1881 gedruckt.

Doch noch war das Fahrradfahren eine kleine artistische Meisterleistung, ein gefährliches Unternehmen. So nimmt es nicht wunder, daß der Hochradfahrer bei der Versicherung die doppelte Prämie bezahlen mußte. Wenn er schon gefährlich lebte, so sollte er es doch wenigstens bequemer haben. Eine Reihe von technischen Verbesserungen setzten sich durch: Die Gleitlager aus Messing ersetzten die Konstrukteure durch Kugellager.

Von besonderer Bedeutung für die Entwicklung des Fahrrades war der Gummi. Anfang der zwanziger Jahre des vorigen Jahrhunderts zapfte man die Gummibäume des Amazonasgebietes an. Der gewonnene Saft bildete als Kautschuk die Grundlage eines ganzen Industriezweigs: der Reifenindustrie. Schon 1845 erkannte der Engländer William Thomson die elastischen Eigenschaften des Hartgummis als ideal, um die Federung der Räder zu verbessern. Er erhielt dafür ein Patent. Doch zu seiner Zeit war Gummi noch ein Luxusartikel. Seine Idee geriet sehr schnell in Vergessenheit. Es dauerte zwanzig Jahre, bis der Vollgummi wieder das Rad eroberte. Der Reifen mußte ein zweites Mal erfunden werden, und diesmal hieß sein Erfinder Boyd Dunlop, ein Ire und Tierarzt.

Die Geschichte ist einleuchtend und einfach. Das Interesse Dunlops galt dem Straßenbau. Verärgert über den schlechten Zustand der Straßen, entwickelte er biegsame Speichen und spezielle Federungen. Für seinen Sohn, der ein Dreirad geschenkt bekam, bastelte er aus Gummi und Tuchstreifen, Leim und Holz eine Bereifung, die sich sehen lassen konnte. Mittels einer Leinendecke befestigte er einen Luftschlauch auf den Felgen der drei Räder. Das Dreirad bekam Luftbereifung. Dunlop selbst kaufte sich ein Fahrrad ohne Räder, baute sich die Felgen aus Bandeisenstücken und versah sie mit Luftschläuchen und Decken aus erstklassigem Segeltuch. Diese Konstruktion bewährte

Auch mit dem Dreirad wurden Wettfahrten veranstaltet.

Start zu einem der ersten Rennen auf Hochrädern

sich ohne Panne, und mehr als 4000 Kilometer konnte er damit fahren. 1888 erhielt er das erste Luftreifen-Patent. Damit hatte er eine Patentflut ausgelöst. In Frankreich wurde kurze Zeit später durch die französische Firma Michelin ein Luftschlauch ohne Mantel entwickelt, den die Fahrer selbst aufziehen konnten.

Heute ist dieser bei allen Rennrädern gang und gäbe.

Verbesserungen am Profil und am Material veränderten aber nichts an dem von Dunlop erprobten Prinzip. Ende der dreißiger Jahre des 20. Jahrhunderts wurden Reifen aus künstlichem Kautschuk (Buna) hergestellt.

Auch die Rahmen der Fahrräder unterlagen so mancher Entwicklung. Sie wurden mittlerweile nicht mehr aus massiven Rohr, sondern aus Stahlhohlrohr hergestellt. Das machte die Räder zwar erheblich leichter, aber noch nicht sicherer.

Leicht war das Hochradfahren beileibe nicht. Hatte man aber einige Fertigkeiten im Auf- und Absteigen erreicht, konnte die Fahrt losgehen. Die Hochradfahrer „ritten" über Stock und Stein der Straßen. Bergab ging's im „Höllentempo", der Fahrer nahm die Beine von den Tretkurbeln, streckte sie seitlich aus oder setzte sie auf die dafür am Rahmen angebrachten Fußrasten. Die Geschwindigkeiten der Talfahrten verringerte er mit Bremsklötzern, die direkt

Der Bewegungsablauf beim Aufsteigen wurde in der Hochradfahrschule geübt.

auf den Reifen des Vorderrades drückten. Dies reichte natürlich nicht aus. Man ersann als Unterstützung eine sogenannte Schleppbremse. Sie bestand aus Ästen und Zweigen, die rechts und links am Rad befestigt wurden. Sie sollten bei einer Talfahrt die Geschwindigkeit drosseln. Hauptsächlich wirbelte man damit Staub auf. Abenteuerlicher ging's nimmer.

Die Techniker und Konstrukteure suchten weniger gefährliche Lösungen, die nicht soviel artistisches Können verlangten. Sie versuchten es mit kleineren Raddurchmessern. Die verlangten aber zum Ausgleich Hebelantriebe mit Übersetzungen, wollte man eine annähernd gleiche Geschwindigkeit erreichen. Auch der Sattel wurde nun weiter nach hinten verlagert, um bei Bergabfahrten Stürze zu verhindern.

In Amerika fand man folgende Lösung des Hochradproblems: ein umgedrehtes Hochrad. Der Fahrer saß hier auf einem hohen Hinterrad, das er mit einem Hebel- und Tretmechanismus antrieb. Ein kleines Vorderrad sollte die bekannten Vornüberstürze verhindern. Doch nun kippte man beim Bergauffahren allerdings sehr schnell nach hinten. Es hatte sich wenig geändert – nur die Sturzrichtung. Auch diese Variante blieb eine Episode in der Geschichte des Fahrrades.

Durch die Verkleinerung des Vorderrades mußte der Trethebelmechanismus vom Mittelpunkt des Vorderrades weiter nach unten verlagert werden. Das war notwendig, weil auch der Schwerpunkt des Fahrers nun nicht mehr unmittelbar auf dem Vorderrad, sondern zwischen Vorder- und Hinterrad lag. Kurbel und Radachse mußten miteinander verbunden werden. Dies geschah mit der Kette. Es entstand ein neuer Fahrradtyp: das Känguruh (Kangoroo), 1884 in Coventry als das erste Sicherheitsfahrrad eingeführt.

Das Radfahren konnte jeder nun wesentlich schneller und leichter erlernen. Das Auf- und Absteigen wurde auf Grund des kleineren Vorderrades unkomplizierter.

Gleichlaufend mit der Entwicklung des zweirädrigen Sicherheitsrades gewann das einfachste Sicherheitsrad, das

Das amerikanische Hochrad mit unmittelbarem Antrieb über Trethebel

Dreirad, Käufer und Liebhaber. Es war nicht nur eine Alternative für Damen, die dem Hochrad wegen ihrer Kleidung abweisend gegenüberstanden. Dem Dreirad verdanken wir eine der wichtigsten Voraussetzungen für unsere heutigen Fahrzeuge: das Differentialgetriebe, das bei Kurvenfahrten die unterschiedlichen Wege des inneren und äußeren Antriebs ausglich.

In einem Buch von 1890 heißt es über das Dreirad: „Der Aufschwung und die weitere Verbreitung des Dreirades (tricycle) schreibt sich von der Zeit her, als man anfing, das große Vorderrad, das wie bei einem hohen Zweirad zugleich als Triebrad und Steuerrad diente, durch zwei große Räder zu ersetzen und dieselben dann infolge der Vermittlung zweier Zahnräder, zwischen welche eine Kette ohne Ende läuft, in Betrieb zu setzen.“ (Wolf, S. 11)

Das Dreirad hatte selbstverständlich auch Nachteile. Es

war schwerer, und die Reibung auf der Straße und innerhalb der Maschine war eine größere. Immerhin wurden statt zwei drei Räder verwendet. Doch im allgemeinen waren die Dreiräder ganz brauchbar. Touren von 100 bis 150 Kilometern am Tage wurden als „leicht machbar" angesehen.

„So war es natürlich, daß es (das Dreiradfahren – M. P.) nicht als Sport, sondern entweder zum Vergnügen oder aus gesellschaftlichen Rücksichten betrieben, vorgezogen wurde." (Schiefferdecker, S. 25)

Das Sicherheitshochrad „Kangaroo", um 1885

Die Drei- und alsbald auch Vierräder bildeten in ihrer Grundkonstruktion das Vorbild für eine Vielzahl von ähnlichen Maschinen am Ende des 19. Jahrhunderts. Immerhin konnte man sogar auf ihnen mit Regen- oder Sonnenschirm promenieren. Die klobigen Kettenkästen schützten die flatternden Roben der Damenwelt vor Schmierflecken und Zerreißproben.

Dreirad und Hochrad blieben die Favoriten, bis John Kemp Starley, der Sohn des alten Starley, 1884 ein Fahrrad auf den Markt brachte, mit dem wieder ein neuer Abschnitt der Fahrradgeschichte beginnen sollte. Mit diesem Modell der Marke „Rover" schuf er das Urmodell unseres heutigen Fahrrades. Es war alles in allem eine „Kreuzung" aus Hoch- und Dreirad.

Made in England

Wie immer wurden die Vor- und Nachteile der existierenden Räder kritisch unter die Lupe genommen, und John Kemp Starley kam zu dem Schluß: Der Benutzer seines Rades sollte besser sitzen und seine Muskelkraft effektiver ausnutzen. Den Sattel plazierte er zwischen zwei gleich großen Rädern und senkrecht über den Pedalen. Der Antrieb erfolgte mittels Kette über das Hinterrad. Beide Räder waren wegen der Sicherheit wesentlich kleiner als die herkömmlichen. Die Steuerung funktionierte leicht. Die Begeisterung für das Rover-Fahrrad hielt sich in Grenzen. Erst einige Verbesserungen, spektakuläre Wettfahrten brachten dem Modell „Rover III" 1888 den großen Erfolg. Ein Jahr später hatte dieses Rad einen Marktanteil von 90 Prozent. Im selben Jahr bauten 5000 Arbeiter in den 170 Fahrradfabriken Englands bereits 90000 Fahrräder. Die Mehrheit (90 Prozent) waren Niederräder: Ganzstahlräder mit zwei gleich großen Rädern, einem Trapezrahmen, verstellbarem Sattel, Blockkettenantrieb hinten, Löffelbremse auf dem Vorderrad, Tangential-Drahtspeichen und Stahlhohlfelgen mit Vollgummibereifung und einem Kotflügel.

Die Hoch-Zeit des Hochrades klang aus! Jeder wollte nun an dem neuen Wunder verdienen. Die Konkurrenten überboten sich mit technischen Neuerungen und 200 Patentanmeldungen. Doch das Radfahren blieb eine Rüttel- und Schütteltour. Die neuen gleich großen Räder gaben die Unebenheiten der Straße an den Radler weiter. Die Vollgummibereifung minderte nur unwesentlich das Gestucker. Deshalb versuchte man, die Radaufhängung oder den Rahmen abzufedern. Unterschiedlichste Modelle entstanden auf den Reißbrettern und Konstruktionstischen. Endlich eroberten sich die Luftbereifung und der Trapezrahmen im wahrsten Sinne des Wortes den Weg. Nun konzentrierten sich die Erfinder auf technische Details. Im Mittelpunkt standen dabei Ideen zu einem verbesserten Kraftübertragungsmechanismus. Wollte man doch vor allem den Antriebsmechanismus verbessern. Das Ziel lautete: weniger Anstrengung – schneller fahren.

Die damals üblichen, sehr globigen Fahrradketten lärmten fürchterlich. Sie widerstanden kaum der Dauerbelastung und hatten zu große Reibungsverluste. Kettenspanner und mit Öl gefüllte Kettenkästen halfen da nur wenig. Kettenbürsten waren gar eine Spielerei. Die Kardanwelle als Antrieb schien eine Alternative zu sein. Doch der zu hohe Preis verhinderte eine breite Anwendung. So blieb sie eine Seltenheit, obwohl es immer wieder Versuche gab. Einige Konstrukteure arbeiteten am kettenlosen Antrieb weiter. Doch auch Experimente mit Zahnrädern brachten nicht die Lösung. Versuche, ein Kettenrad einzubauen, das durch seine elliptische Form eine maximale Kraftübertragung vom Fahrer auf das Hinterrad ermöglichte, setzten sich nicht durch. Gebräuchlich blieb schließlich der uns bekannte Kettenantrieb, egal wie auch immer Tretlager und Kettenantriebsrad aussahen.

Der erste Entwurf einer Gliederkette stammte immerhin aus dem Skizzenblock von Leonardo da Vinci, aus dem schon erwähnten Codex Atlanticus. Sie war allerdings noch nicht als Zahnradkette abgebildet. Diese gibt es erst seit 1829. Aus der sogenannten Blockkette entwickelten die Techniker die Rollenkette. Heute treiben wir das Hinterrad

Sicherheitsniederräder aus England. Der Rahmen des Humber-Sicherheitsrades von 1884 ähnelt schon sehr späteren Konstruktionen.

mit einer kurzgliedrigen, schmalen Rollenkette an. Es ist eine Kombination aus Rollen- und Blockkette, die bei wenig Kraftanstrengung einen ruhigen Gang gewährleistet.

Neben der Kraftübertragung gab es damals ein weitaus schwierigeres Problem: den Freilauf. Wie schon beim Hochrad mußte der Pedaleur früher bei der Talfahrt die Füße von der Kurbel nehmen, da sich diese immer mitdrehte. Drais kannte das Problem und behalf sich mit Fußrasten, obwohl ohne Kurbel, aber zur Entlastung der Beine und Füße. Der „Freilauf" des Michaux-Rades war ebenfalls eine Beinauflage. Erst 1867 entwickelte Michaux den Freilauf mit Ratsche. Ein einfaches Prinzip, wie man es von der Handkurbel kennt, damit diese nicht zurückschlägt. Doch dies befriedigte alle nicht. Warum sollte es nicht möglich sein, daß sich beim Bergabfahren allein das Rad drehte, während die Pedale stillstanden. Erste Hilfe kam aus Frankreich. 1867 entwickelte man hier den Freilauf. Bis zur Jahrhundertwende gab es 50 verschiedene Modelle. Doch sehr viel Vertrauen erweckten alle diese freilaufenden Naben nicht. Und so konnten sie sich bis 1900 nicht durchsetzen. Man hielt sie vor allem für gefährlich. Deshalb bauten die Deutschen Fichtel und Sachs einen ausschaltbaren Freilauf. Der Mechanismus ließ sich abschalten; die Nabe war dann starr. 1900 übernahm Sachs das Patent für eine Rücktrittnabe aus den USA. Hieraus entwickelte er die später weltbekannte Torpedo-Freilaufnabe mit Rücktrittbremse. Der Mechanismus übersetzte die Kraft des zurücktretenden Fußes auf mehr als das Fünfzigfache. Bei längeren Talfahrten kann die Bremse bis zu 300 Grad Celsius heiß werden.

Die Entwicklung des Antriebs zeigt, daß es immer mehr ums Detail ging. Das Radfahren sollte leichter werden. Es waren vor allem die Niederräder, die ihren Siegeszug von Großbritannien durch ganz Europa antraten.

1887 bauten die Adler-Werke in Deutschland ihr erstes Niederrad. Noch lange blieb es üblich, daß Neuerungen und Verbesserungen erstmalig auf dem englischen Markt erschienen. Das war mit der Produktion der Fahrradsättel genauso wie bei der Herstellung von Lampen, Bremsen und Glocken.

Bei Schiefferdecker, dem Arzt, lesen wir über den Sattel: „... der Sattel ein außerordentlich wichtiger Teil des Fahrrades ist und daß seine Wichtigkeit gewöhnlich unterschätzt wird. Es ist daher bei der Auswahl möglichste Sorgfalt durchaus angebracht." (Schiefferdecker, S. 321) Das war schon notwendig, denn die Vielfalt des Angebots verwirrte. Da gab es Damen-, Herren-, Kinder-, Reform- und Gesundheits-, Sport- und Tourensättel. Das Fahrrad ist kein Reitpferd, aber doch sollte man auch hier gut im Sattel sitzen. Das merkt jeder, der eine längere Tour gemacht hat.

„Bei dem Sitze auf dem Fahrrade ruht die Last des Körpers auf dem Sattel. Der Sattel muß also dem Körper die nötige Unterstützung geben und einerseits so gebaut sein, daß ein Druck auf das Mittelfleisch und die vor ihm liegenden äußeren Geschlechtsmerkmale durchaus vermieden wird, andererseits daß die Bewegung der Beine beim Treten in keiner Weise behindert wird." (Schiefferdecker, S. 304) Soweit der Doktor aus medizinischer Sicht.

Nun soll der Sattel noch aus einem weichen, elastischen Material sein, nicht zu klein, kühl und elastisch. Sieht man sich die heutigen Sättel daraufhin mal an: armes Hinterteil. Der Wahl um die Jahrhundertwende folgte also bestimmt nicht die Qual einer harten Fahrt. Dies wäre auch heute wünschenswert. Doch eine bequeme Fahrt konnte damals gefährlich sein, vor allem im Dunkeln. Schon Michaux ging ein Licht auf: er benutzte eine Kerze. Am Hochrad funzelten an der Radnabe angebracht Öl- oder Petroleumlampen. Erst in der Niederradära wurde es heller. Die Lampen befestigte man jetzt am Steuerkopf. 1898 kam wirkliches Licht ins Dunkel: die Karbidleuchte erhellte die Straße. Reflektoren und zum Teil auch Linsen bündelten das Licht zu einem Strahl. Betrachtet man sich heute die Laternen und Leuchten, so sind sie die Kleinode des damaligen Fahrrades gewesen. Viel handwerkliches Können spiegelt sich in diesen versilberten oder vernickelten Prunkstücken wider.

Die Dynamomaschine mit Reiberolle – das heute übliche Minikraftwerk – ging 1905 in Serie. Ein Patent dafür gab es schon seit 1886. Der Leipziger Fahrradfabrikant Weber hatte es damals in England angemeldet.

Doch nicht jeder sah den Radfahrer sofort. Hauptsächlich am Tage galt es, sich mit anderen Warnsystemen anzukündigen: der Glocke oder der Klingel. Auch hier gab es schon frühzeitig eine Vielzahl von Modellen. Üblich war die „arabische Lärmglocke", die über ein Rädchen, das in Kontakt mit dem Vorderrad gebracht wurde, ungefähr 1500 Glockenschläge in der Minute erzeugte und so das Kommen eines Radlers ankündigte. Nicht immer reichte dieser Lärm aus. Schnelles Handeln war erforderlich: Bremsen! Die „Schleppbremse" kennen wir schon, ebenfalls die Blockbremse, die heute ja bei unseren Tourenrädern noch üblich ist. Es gab allerlei Versuche, die Geschwindigkeit abzubremsen und das Fahrrad zum Stehen zu bringen. Wer aber was auf sich hielt, wollte schnell fahren und nicht bremsen. So bauten die einen Attrappen ein und genügten damit der Vorschrift – heutige Bahnrennräder haben auch keine Bremse –, und andere bemühten sich, mit abenteuerlichen Patenten die Aufmerksamkeit auf sich zu ziehen.

Neben der Trommel- und Scheibenbremse war es die Felgenbremse, die das Rennen machte. Mittels Bowdenzugs werden die beiden Bremsklötze synchron mit gleichem Bremsdruck gegen die Felgen gepreßt. Über eine eiserne Querstange mit Holzhülsen hatte man das ganze Fahrrad im Griff. Vermittels dieser Lenkstange, so Michaux um 1868 über seine Lenkstange, wird die Richtung nach rechts oder links erzielt, mit ihr die Balance gewonnen und vollkommen sicherer Halt auf der so schwankenden Maschine hergestellt. Das trifft auch heute zu. Entscheidende Kriterien der Lenkstange sind ihre Länge, die Handlichkeit ihrer Griffanordnung und ihre Höhe. Allein der Lenker für das Rennrad unterscheidet sich von dem des Massenfahrrades. Er soll dem Fahrer helfen, in einer gebückten, den Windwiderstand minimierenden Haltung zu spurten.

Alles in allem buhlten die Erfinder um die Gunst der Fabrikanten und die um die Gunst der Käufer, nachdem mit der Form des Niederrades diejenige Konstruktion gefunden war, die den wichtigsten Ansprüchen an ein sicheres und schnelles Fahrrad genügten. Der Zubehörmarkt sollte nun zum großen Geschäft werden.

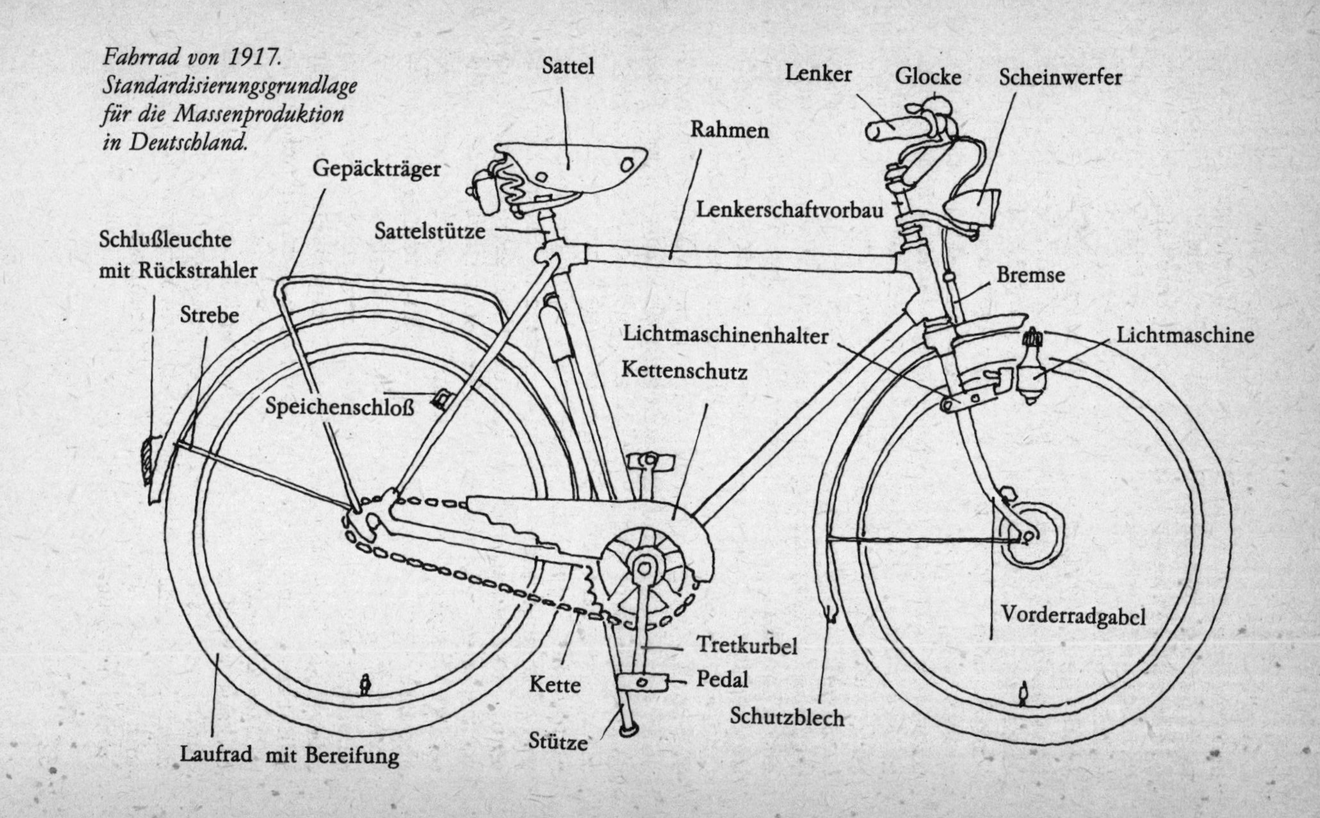

Fahrrad von 1917.
Standardisierungsgrundlage
für die Massenproduktion
in Deutschland.

Da verkaufte man eine Reitgerte für Fahrradfahrer zur Abwehr bissiger Hunde. Zum selben Zweck gab es Feuerwerkskörper, sogenannte Radfahrer-Petarden, die, aus der Hülle gezogen, einem „angreifenden" Hund unter die Nase gehalten werden sollten. Für die Lenkstangen bot man Blumenstraußhalter an. Kilometerzähler, Landkartenhalter, Uhren und Glocken aller Art sollten das Fahren angenehmer machen. Es gab Nagelfänger und Laternenhalter, Gepäckträger und Taschen. Sättel boten die Händler an – aus Leinen oder mit Kork und Gummi gefüllt. Besonders gut sollten schleifende Kettenbürsten zur Reinigung der Fahrradkette und ständig tropfenspendende Ölbäder sein, meinten die Hersteller.

Um die Jahrhundertwende hatte sich die Draisine aus einem Hobbygerät zu einem Verkehrsmittel ersten Ranges gemausert. Gleichzeitig behauptete die Fahrradindustrie nun ihren Platz im kapitalistischen Marktwirtschaftsgefüge. Internationale Konkurrenz um Absatzmärkte, Rohstoffe und billige Arbeitskräfte, zunehmende Ausbeutung machten auch vor ihr nicht halt. Vor allem aus den USA kamen Billigprodukte. In Europa schossen die Fabriken wie Pilze aus dem Boden, und gleichzeitig verschwanden sie wieder. Pleiten standen auf der Tagesordnung. Dies alles ging natürlich auf Kosten der Qualität der Produkte. Immer neue Erfindungen füllten die Schutzregister der Patentämter. Patentverletzungen und die darauf stattfindenden Prozesse jagten sich. Neuentwicklungen überschwemmten den Markt. Das Fahrrad bestand damals allein aus 100 Einzelteilen und Elementen, die in sich wieder nur als Baugruppen existierten. Die Vielzahl der unterschiedlichen Ausführungen war sowohl national wie international nicht mehr zu überblicken. Ein Schaden konnte sehr schnell das Aus für die Fahrt bedeuten, fand man nicht die entsprechende Werkstatt für seinen Typ.

Die maschinelle Großproduktion der Fahrräder und ihrer Einzelteile machte eine Normung notwendig. Am Ende dieser Entwicklung stand 1917 in Deutschland die Ausgabe der bekannten DIN-Bestimmungen.

Die Jahre von 1900 bis 1945 brachten für den Massenbedarfsartikel Fahrrad technisch nicht viel neues. Ausnahmen bestätigten die Regel. Gewiß – die Modelle waren leichter geworden, die Großserienproduktion hatte ihre Spuren hinterlassen, aber die klassische Form des Niederrades mit Parallelogrammrahmen und Hinterradkettenantrieb war ausgereift und änderte sich nicht. Wanderer, Adler, Opel, Brennabor, Phänomen und Dürrkopp hießen die Fahrradwerke, die in Deutschland den Markt bestimmten. Vor dem ersten Weltkrieg produzierten sie ungefähr 500000 Stück jährlich, 1938 aber schon 2850000 Stück.

Besonders beschäftigten sich in dieser Zeit die Konstrukteure mit dem Antrieb, und 1932 bauten sie die ersten Kettenschaltungen an Rennrädern. Die Idee dazu stammte aus Italien. In Deutschland konstruierten Fichtel und Sachs 1934 die ersten Kettenschaltungen mit einem dreifachen, später mit einem vierfachen Zahnkranz. Eine Kraftübertragungsart machte in dieser Zeit auf sich aufmerksam. Es handelte sich aber nicht um den „neuesten Schrei" der Technik, wie die Werbung frohlockte, sondern um ein altes Prinzip: die Kardanwelle. Schon 1892 baute sie der Engländer Samuel Miller an ein dreirädriges Fahrrad. In Deutschland wurden in den dreißiger Jahren vor allem die Modelle von Dürrkopp und Adler bekannt. Neben Kette und Kardanwelle boten manche Produzenten auch Bahnradgetriebe oder ein Gummireiberad an. Doch letztere blieben lediglich Episoden auf dem langen Weg der Entwicklung des Fahrrades.

Durchgesetzt hat sich der Kettenantrieb und die mit ihm verbundene Kettenschaltung.

Ein-, Zwei-und mehrere Räder

So wie sich die Erfinder und Konstrukteure immer wieder mit der Vervollkommnung des Fahrrades beschäftigten, so galt ihr Interesse auch den etwas absonderlichen Fahrradkonstruktionen: den Ein- und Mehrfachrädern.

Dabei stand der Gedanke Pate, das Zweirad auf ein Rad zu reduzieren oder mit Hilfe mehrerer Räder eine Vielzahl von Personen zu transportieren.

Einräder sind heute nur noch von artistischen Darbietungen bekannt. Diese Erfindung gestattete eine so perfekte und gleichmäßige Belastung dieses einen Rades, daß seine Entdeckung in ihrer Einfachheit genial war. Doch einen Haken hatte die ganze Sache: die Instabilität war konkurrenzlos. Die Beherrschung dieses Geräts setzte nicht nur Geschicklichkeit, sondern auch einen Balancekünstler voraus. Wurden schwierige Probleme im allgemeinen durch technische Verbesserungen bewältigt, so war hier keine Lösung in Sicht. 1880 versuchte sich eine Leipziger Fahrradfirma in der Serienproduktion von Einrädern. Man benutzte dafür das Modell eines Italieners, der angeblich damit über 200 Kilometer geradelt war. Doch auch dieser Werbegag konnte die Käufer nicht begeistern. Die Firma stellte nach wenigen Exemplaren die Produktion wieder ein. Immer wieder kamen in der Folgezeit neuartige Konstruktionen auf den Markt. Firmen, die sie produzierten, fehlten nicht, was fehlte, waren die Käufer. Ein 1880 patentiertes Einrad bestand aus zwei konzentrischen und durch Speichen verbundenen Ringen. Das Fahrradgestell lief im inneren Ring. Mittels zweier Pedale wurde es in Fahrt gebracht. Eine Kugel kann nicht umfallen und ein Kugelfahrrad auch nicht. So dachte es sich der Erfinder, der eine Kugel zur Grundlage seines Einrades machte. Seinen Platz fand es im Zirkus, wo es heute immer noch zu sehen ist.

Der Erfindergeist gab keine Ruhe. Doppelräder wurden gebaut. Zwei Personen saßen hintereinander, und mittels Tretkurbeln ging die Fahrt los. Das bekannteste und zeitweilig auch weitverbreitetste war das „Doppelotto"; so benannt nach seinem Erfinder: dem Engländer Friedrich Otto. Es hatte einen zweifachen Bandzugantrieb und eine

1886 in San Francisco vorgestellt: ein Monocycle

Hochradtandem: eine wagemutige Angelegenheit

Patentlenkung. Diese bestand darin, daß der Fahrer durch Abkoppeln eines der Räder vom Antrieb die Kurvenfahrt ermöglichte. Ein noch heute gängiges Prinzip bei der Steuerung von Kettenfahrzeugen. Doch allen diesen Rädern war kein Erfolg beschieden. Auch nicht jenen, an denen man versuchte, Zweiräder mit Hecklenkung zu entwerfen. Es blieb die Alternative, dem Paar ein drittes Rad hinzuzufügen, das Dreirad war geboren.

Der Stammbaum der Dreiräder trug reiche Früchte. Die Typenvielfalt war kaum noch zu überschauen. So baute man Räder für junge Paare, die gern gesellig daherfahren wollten, sogenannte Sociable. Es gab Fahrräder mit Heck- und Frontlenkung. Die Fahrer saßen neben- und hintereinander in Einsitzern, Tandems, in Zwei- und Mehrsitzern. Benutzt wurde der Seiten-, Einfach- oder Mehrfachantrieb mit Fuß oder Hand.

Aus den Dreirädern entwickelte sich das Vierrad. Bekannt ist uns schon der muskelkraftbetriebene vierrädrige Wagen aus dem Mittelalter. Nun gab es Dreiräder, an die ein viertes Rad montiert werden konnte, und Vielradmaschinen, die durch das Zusammensetzen von Zweiradtandems entstanden. Vor allem in der Personenbeförderung und beim Transport von Gütern mancherlei Art fanden diese Räder ihre Verwendung. Es gab Fahrraddroschken und Lastenfahrräder. Gleichzeitig wurden Spezialmodelle für die Feuerwehr, die Post und die Ambulanz angefertigt.

Hauptsächlich die Gesellschaftsräder oder Sociables erfreuten sich wachsender Beliebtheit. Denn „... wenn zwei zu gleicher Zeit eine doppelsitzige Maschine benutzen, da behindert keine Entfernung den Austausch der Gedanken, und die Unterhaltung der Fahrenden miteinander ist um so reger, je rascher die landschaftlichen Bilder wechseln. Ungemein wird natürlich der Reiz einer solchen Fahrt auf doppelsitziger Maschine erhöht, wenn zwischen zwei Fahrenden verschiedenen Geschlechts zarte Beziehungen bestehen." (Wolf, S. 137)

Eine besondere Form dieser Zweisitzer war und ist das Tandem. Hervorgegangen aus dem Hochradtandem 1884 in England. Auch Drais hatte schon doppelsitzige Laufräder angeboten. Doch erst die Sicherheitsniederräder mit ihrer Rahmenkonstruktion erlaubten den Bau dauerhafter und sicherer Tandems. Tandemradfahren blieb lange Zeit eine olympische Disziplin.

Nicht vergessen werden soll ein besonderes und wohl auch einmaliges Fahrrad: der Webersche photographische Zweiradapparat. Dabei handelte es sich um nichts weiter als um ein Fahrrad mit montiertem Fotoapparat. Hierbei diente das Fahrrad als Ersatz für ein Stativ für die damals noch sehr umständliche Technik des Fotografierens.

Ein ganz schlauer Zeitgenosse kam auf eine besondere Kombination: die Schreibmaschine und das Fahrrad. Ein im Maschineschreiben und Radfahren geübter Bürobeamter befestigte an seinem Fahrrad eine Schreibmaschine, um auf längeren Ausflügen seine Reiseeindrücke während der Fahrt zu Papier bringen zu können. Er führte das Rad mit der linken Hand, und mit der rechten bediente er die Schreibmaschine. Selbst das Einlegen neuer Schreibblätter behinderte das Weiterfahren nicht, „da während der kurzen Dauer dieser Manipulation das Lenken der Maschine mittels der Pedale allein bewerkstelligt werden konnte“.

Versuche per Pedale

In Deutschland gab es 1935 allein 18 Millionen Fahrräder. Heute rechnet man weltweit mit etwa 800 Millionen, und jährlich laufen 40 Millionen vom Band.

Es war immer der Wunsch der Konstrukteure und Erfinder, das Fahrrad noch leichter und damit schneller zu bauen. Natürlich sollte auch die Herstellung ökonomischer sein. Denn mit dem Aufkommen der benzin- und dieselgetriebenen Zwei- und Vierräder erwuchs dem Velociped eine entscheidende Konkurrenz. Heute mehr denn je beweist das Fahrrad seine Daseinsberechtigung. Die gestiegenen Produktionszahlen und die große Nachfrage beweisen es.

Die Erfinder und Tüftler ließen sich bis heute nicht davon abhalten, das Fahrrad weiter zu vervollkommnen, beziehungsweise neue Konstruktionen als das Nonplusultra der Fahrraderfindungen hinzustellen. Es entstanden in den letzten hundert Jahren allerlei kuriose, phantastische Gebilde am Fahrradstammbaum. Viele davon nur auf dem Papier. Schneller wollte man vor allem fahren. Dazu benutzte man verschiedene Hilfsmittel. Einige Erfinder plädierten für ein Fahrrad mit Hand- und Fußantrieb. Doch diese Lösung war auf die Dauer zu ermüdend. Andere wollten die ganze Körperbewegung des Radfahrers nutzen. In einem Sessel sitzend fahren ist nicht nur sehr bequem, sondern auch kraftsparend. Nach diesem Prinzip entstanden Sessel- beziehungsweise Liegeräder.

Über sein Liegefahrrad meinte der Erfinder Challand in Genf 1897, „... ein Hauptmoment sei hier der Anhalts- oder Anstemmpunkt an der Rückenlehne des Sitzes, welcher den Fahrer weniger mit dem Gewicht als mit der vollen Spannkraft seiner Beine arbeiten läßt. Statt bei fast vertikaler Beinstellung erfolgt diese horizontal. Bei aufrechter, ja eher noch zurückliegender Oberkörperhaltung, mit festem Sitz und vollkommen unbeengten inneren Organen entwickelt der Fahrer eine Schenkelkraft, welche nach der

Fahrraddesign. Das Modell von Bernd Wudtke, ausgestellt zum Nationalen Jugendfestival der FDJ in Berlin, Pfingsten 1984. „Fahrrad-Baukastensystem 1983 für VEB MIFA".

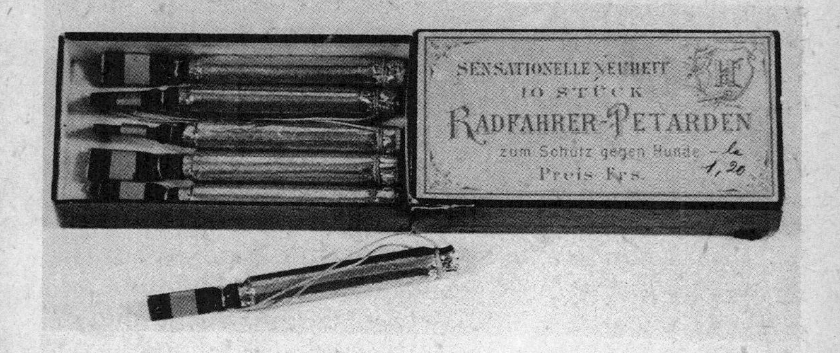

Radfahrer-Petarden (Sprengkörper) zum Schutz gegen bissige und bellende Hunde

Überzeugung des Erfinders in jedem Beine seinem dreifachen Körpergewicht gleichkommt.“ (Salvisberg, S. 45)

Liegeräder gibt es heute in den verschiedensten Varianten. Vor allem selbstgebaute Konstruktionen sind der Stolz ihrer Besitzer. Die Sesselräder nutzen nicht nur die menschliche Arbeistleistung besser aus, sie verringert auch den Luftwiderstand. Der liegende Radfahrer bietet eine geringere Angriffsfläche. Sie sind damit schneller als die herkömmlichen Zweiräder. 1960 baute in Leipzig der Ingenieur Rinkowsky ein Sesselrad. Mit ihm erreichte er eine Geschwindigkeit von über 50 Stundenkilometern.

Ein Sesselrad mit Fußhebelantrieb hatte der Zeppelin-Konstrukteur Jary schon 1920 entworfen. Ein Prototyp ist heute im Verkehrsmuseum Dresden zu besichtigen.

Als ein Kuriosum gilt der Flettner-Rotor. So benannt nach seinem Erfinder. Das Prinzip: Lotrecht stehende, sich drehende Zylinder erzeugen in einer Windströmung einen Unterdruck in Drehrichtung. Aus naheliegenden Gründen versuchte man, dieses Prinzip auch auf das Fahrrad anzuwenden. Es wurde nie gebaut.

Ein anderer Versuch war der Schwimmapparat von Richardson, ein Wassergerät mit Schraubenantrieb für in Seenot geratene Menschen und für Sportbegeisterte. Ähnliches versprach man sich von einem Seenot-Velociped. Auf wenig Gegenliebe stießen bei den Käufern auch sogenannte Wasser-velos, die ab 1869 gelegentlich auf den Gewässern und noch viel häufiger in den Patentakten zu finden waren.

Doch auch im Winter wollten die Radfahrer nicht auf ihr Vergnügen verzichten, und kluge Bastler entwickelten Eisschlittenräder. Auch andere, natürliche Hilfsmittel sollten schnelleres Fahren ermöglichen. So befestigte man Segel an den Fahrrädern und hoffte nun, mit dem Wind auf Spitzengeschwindigkeiten zu kommen.

1869 meldete ein Amerikaner ein Schlittenvelo zum Patent an. Ein gezahntes Vorderrad sollte das Fortkommen auf Eis und Schnee ermöglichen. Spätere Bastler versahen es mit Gleitkufen – den Schlittschuhen ähnlich – und mit einer steuerbaren Kufe als Lenkung. Bei Abfahrten hob man das Treibrad vom Boden. 1897 wurden Gleitkufen für Serienfahrräder angeboten: eine Gleitkufe für das Vorder-

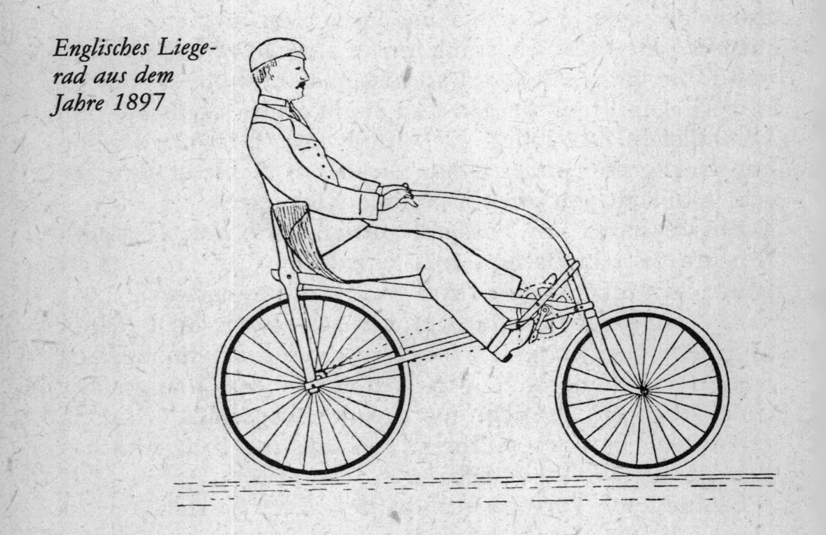

Englisches Liegerad aus dem Jahre 1897

Ein modernes Sessel- oder Liegerad. Dieses kräftesparende Gefährt – entwickelt in den Niederlanden – erfreut sich in der Schweiz wachsender Beliebtheit.

rad sowie zwei für das Hinterrad, und Mayers Schnee- und Eisrad war fertig.

Natürlich wollte man mit dem Fahrrad auch in die Lüfte, es den Vögeln gleichtun. Die ersten Erfinder machten gewaltige geistige Höhenflüge und erdachten Flugmaschinen, die nie gebaut wurden, geschweige denn den Boden je verlassen haben. 1888 ertüftelte einer ein „an Einfachheit nicht zu überbietendes Luftfahrrad" im wahrsten Sinne des Wortes. Geflogen ist das technische Wunder nie. Es hätte den Fahrer nämlich zur Tragschraube gemacht und um die eigene Achse gewirbelt. Es lag daher nahe, zum Fliegen Pedalbewegung und Schwingung zu kombinieren. Entsprechende erhoben sich nicht vom Boden. Auf der Rollbahn standen lediglich nichtfliegende Fahrräder.

Erst 1920 erhob sich ein Rennfahrer mit einem Flugapparat und flog 10 Meter weit. Und 1935 legte ein Luftfahrrad als Muskelkraftflugzeug etwa 200 Meter zurück.

1977, nach langer Zeit der Luftruhe, gelang dem Amerikaner Allen ein zwei Kilometer langer Flug aus eigener Kraft mit einem Flugapparat von 35 Kilogramm Gewicht und einer Flügelspannweite von 29 Metern. 1979 überquerte er mit diesem Flugapparat den Ärmelkanal.

Der Beitrag des Fahrrades zur Geschichte der Luftfahrt ist relativ gering und unbedeutend.

1883 baute der Amerikaner Davis ein Fahrrad mit einer Dampfmaschine als Antrieb. Das war der Übergang zu den Motorrädern. Von größerem Interesse waren die Versuche mit verkleideten Fahrrädern, die in ihren Formen unseren heutigen Rennautos sehr nahekamen. Diese stromlienförmig verkleideten Fahrräder oder „karosserierten“ Fahrräder erreichten hohe Geschwindigkeiten. 1904 tauchten die ersten auf. Die liegende Position des Fahrers hatte sich dabei als das Optimale erwiesen. Die Grundidee kam vom Liegefahrrad.

Schneller, höher und weiter – wohin wird die Entwicklung des Fahrrades führen? Geschwindigkeiten von 100 Stundenkilometern sind heute nicht mehr unmöglich, ja, sie wurden schon gefahren: 1980 in den USA. Mit einem Fahrrad in der Grundkonstruktion wie vor 100 Jahren. Gleichzeitig kommen immer ausgereiftere Konstruktionen aus Aluminium und Plast auf den Markt. Was wird uns das Jahr 2000 auf diesem Gebiet bringen?

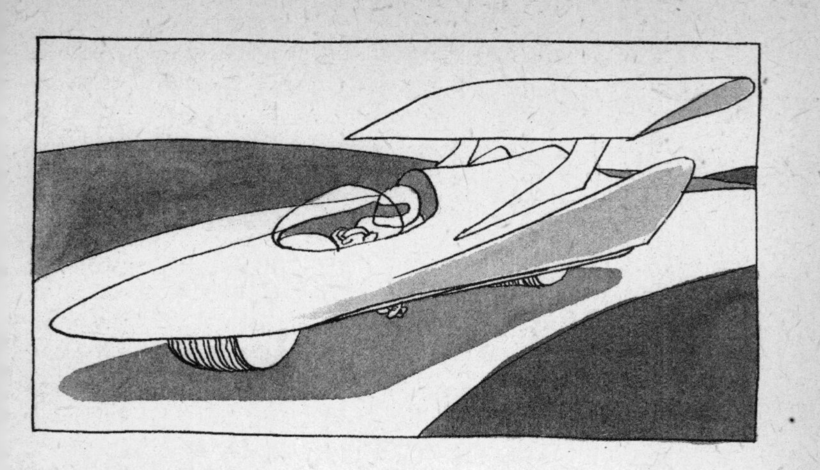

Rollende Träume

Der Aufbau des Fahrrades wird sich in den nächsten Jahren nicht grundsätzlich ändern. Es gilt, so die Wissenschaftler, die günstigste Konstruktion der Rahmen zu finden. Sie muß fertigungstechnisch gut geeignet, materialsparend sein und vor allem höchsten Sicherheitsanforderungen entsprechen.

Auf den internationalen Fahrradmessen in Mailand oder in Köln, die den Trend des Weltmarktes anzeigen, kommen Experten zu der Einschätzung, daß die internationalen Überraschungen schon lange fehlen und es kaum neue Trends zu vermelden gibt. Ist der rollende Traum ausgeträumt?

Unter einem Meer von bunten Farben und viel spielerischer Phantasie gibt es aber doch einen Trend, der beweist, daß sich der Erfindergeist auch international noch immer an unserem alten Drahtesel entzündet. Die großen kapitalistischen Konzerne setzen dabei die modernsten Hilfsmittel ein: Computer und Video. Als Ergebnis gibt es das im Computer entwickelte Fahrrad und die optimale Rahmenkonstruktion, die den großen Rekord verspricht.

Grundlage für solche Programme ist unter anderem der „Stundenweltrekord“, den der italienische Radprofi Francesco Moser im Dezember 1983 in Mexiko-Stadt aufgestellt hatte. Doch welche Welten liegen zwischen dem Stundenrekord, den der Franzose Henri Desgranges am 11. Mai 1893 auf der Buffalobahn von Paris erspurtet hatte, und dem des Moser? Damals wurden 35,325 Kilometer in einer Stunde zurückgelegt. 1983 wares es 51,15135 Kilometer. Seit damals sind solche Veranstaltungen wie viele andere Sportwettkämpfe zum reinen Geschäft der Manager und der hinter ihnen stehenden kapitalistischen Firmen degeneriert. Den Fahrern wird der schnelle Weg zum großen Geld vorgegaukelt, und die Konzerne erhoffen sich gewaltige Profite. Regelverstöße gegen die internationale Sportcharta werden dabei in Kauf genommen. Auf den Messen sieht es dann so aus, daß jede Firma beziehungsweise die Rahmenbauer sich mit einer mehr oder minder gelungenen Kopie jenes Rahmens, den Moser für seine Fahrt benutzte, zieren und dem Publikum anbieten.

Neue Technik? Da wird von Gewichtsreduzierungen, besserer Aerodynamik, größerer Robustheit und Spurtreue gesprochen. Es gibt Fahrräder mit Querstabantriebssystem, bei dem der Fahrer über Pedalhebel mittels eines komplizierten Mechanismus durch Aufundabtreten das Fahrrad antreibt.

Neu? In seinen Grundzügen kennen wir das schon aus den zwanziger Jahren. Es gibt eiförmige Kettenblätter oder sechseckige Blätter, wobei das letzte Blatt gleichzeitig der Kurbelarm ist. Andere Erfinder setzen auf das Kunststoffrad und wieder andere plädieren für muffenlose Rahmen und Turbobremsen. Der Trend geht in Richtung Spitzentechnik. Das sind die Scheibenräder und die Hörnerlenker neben den windschlüpfrigen Sturzhelmen und die Kunstfasern bei den Reifen und formbeständige, pflegeleichte Plastsättel, durchbohrte Tretlagerachsen, Spezialräder mit 24 bis 40 statt über 50 Flachspeichen und einteilige Kunstseidentrikots. Alles mit einem Ziel: Zeitvorteile bis in die Sekundengrenze je Kilometer bei gleichem Kraftaufwand.

1984 hat der Internationale Radsport-Verband die Plasträder (Scheibenräder) offiziell für die Weltmeisterschaft zugelassen. Doch allein die Technik ist nicht das Nonplusultra für den Sieg: Ohne einen guten Fahrer geht es auch heute nicht. Und Hörnerlenker und Vollplasträder bieten sich, so die Meinung eines Sportexperten, nur für Zeitfahrdisziplinen, also gleichmäßige Fahrt, an. Der Internationale Radsport-Verband erließ klare Bestimmungen, zum Beispiel den Abstand des Sattels und des Tretlagers zu den Radachsen und die Bodenhöhe. Noch einmal kann das Fahrrad also nicht erfunden werden. Wesentliches wird sich auch bis zur Jahrtausendwende nicht verändern. Fahrradrekorde wird es auch weiterhin geben, und der Ehrgeiz und die Phantasie der Erfinder und Konstrukteure werden nicht versiegen. Schneller und leichter bleibt die Devise.

Fahrrad und Gesellschaft

Das Wagnis auf der Straße

Als eines schönen Sonntags im Juli 1817 in Mannheim der leicht spleenige Biedermeierbaron Freiherr Drais von Sauerbronn auf seinem zweirädrigen hölzernen Gefährt über das Kopfsteinpflaster der Breiten Straße zum Neckartor hoppelte, gerieten die Passanten aus dem Häuschen. Im Gebäude der noblen „Harmonie-Gesellschaft" bejubelte man ihn und feierte sein Wagnis.

Doch überzeugt von dem neuen Gerät waren nur wenige, und noch wenigere wollten auf selbiges gesetzt werden. Man schaute skeptisch auf den Laufradfahrer, belächelte später den Hochradfahrer und amüsierte sich über die Damen und Herren, die in den Parks und Velosalons die Kunst des Zweiradfahrens erlernten.

Das Reitpferd war nicht mehr die Nummer eins im Individualverkehr. Mit Lohnkutschen, Pferdebahnen und Eisenbahnen reiste man angenehmer. Doch noch lange Zeit blieben die Straßen, was ihre Qualität betraf, lediglich Reitwege. Sand und Morast, Kopfsteinpflaster und von Frost und Regen aufgeweichte, mit riesigen Schlaglöchern versehene Wege nervten die Radfahrer. Weitere Mißlichkeiten lauerten auf die Fahrradpioniere: Pferde scheuten vor den riesigen Rädern, Hunde fletschten die Zähne und schnappten nach den Waden.

Um all den Widrigkeiten des Lebens aus dem Weg zu gehen, frönten viele Fahrradfreunde in Gärten und Parks ihrer Leidenschaft. Doch auch da blieb der Umgang mit dem Zweirad ein gefährliches Unterfangen. Das Auf- und Absteigen verlangte stets eine kleine artistische Übung. Jeder war glücklich über eine sturzfreie Fahrt. Fuhren die fröhlichen Radler dann erschöpft nach Hause, drohten neue Gefahren. Es gab keine Straßenverkehrsordnung, und der Stärkere hatte grundsätzlich Vorfahrt.

Den ersten Radweg in Deutschland legten 1898 die Stadtväter von Hannover an. Er war 2,5 Kilometer lang und führte durch den Stadtwald Eilenriede vom Zoologischen Garten bis zum Pferdeturm.

Doch mit der Zeit bevölkerten nicht nur Freizeitradler die Straßen. Man sah hier und dort Telegrafenboten, Land-

Das Sesselrad des Leipziger Ingenieurs Rinkowsky, ausgerüstet mit Gürtelreifen

briefträger, Polizisten und Soldaten hoch zu Rade. Mit der Massenproduktion avancierte das Fahrrad zum individuellen Verkehrsmittel erster Güte. Die Behörden mußten wohl oder übel über eine Verkehrsordnung nachdenken. Wie sollte man der Radler Herr werden? Fahrradschulen schossen wie Pilze aus dem Boden. Unter fachkundiger Anleitung versuchten Fahrradfahrer in spe die ersten Tretversuche. Diejenigen Firmen, die etwas auf sich hielten, vereinten Geschäft und Schule unter einem Dach. Da wurde nicht nur produziert und verkauft wie im Radfahrhaus Kleyer in Frankfurt am Main, sondern die Kunden übten gleich in der hauseigenen Schule. Fahrradhändler waren zugleich Verkäufer und Fahrlehrer.

Wie ging es in einer Fahrradschule zu? „Ganz merkwürdig erschien mir die in der Fahrschule gemachte Beobachtung, daß gute Turner und besonders gewandte Reiter und Reiterinnen mit dem Radfahren manchmal ihre liebe Not hatten und sich mit dem Rade raufen mußten wie der Satan mit einer armen Sünderseele, die überallhin will, nur nicht in die Hölle; während junge Damen, welche nie in ihrem Leben eine Turnstunde besucht hatten, in kürzester Zeit ganz überraschende Fortschritte machten." (Salvisberg, S.3)

Etliche Jahre später schilderte der Komiker Karl Valentin den Umgang mit dem Fahrrad:

„SCHUTZMANN Halt!

Valentin blinzelt den Schutzmann an.

SCHUTZMANN Was blinzeln Sie denn so?

VALENTIN Ihre Weisheit blendet mich, da muß ich meine Schneebrille aufsetzen.

SCHUTZMANN Sie haben ja hier eine Hupe, ein Radfahrer muß doch eine Glocke haben. Hupen dürfen nur die Autos haben, weil die nicht hupen sollen.

VALENTIN *drückt auf den Gummiball.* Die meine hupt nicht.

SCHUTZMANN Wenn die Hupe nicht hupt, dann hat sie doch auch keinen Sinn.

VALENTIN Doch – ich spreche dazu! Passen Sie auf, immer wenn ich ein Zeichen geben muß, dann sage ich Obacht!

SCHUTZMANN Und dann haben Sie keinen weißen Strich hinten am Rad!

Karl Valentin zeigte die Unzulänglichkeit aller Dinge, einschließlich der des Fahrrads.

VALENTIN Doch. *Zeigt seine Hose.*
SCHUTZMANN Und Rückstrahler haben Sie auch keinen.
VALENTIN Doch. *Sucht in seinen Taschen nach.* Hier!
SCHUTZMANN Was heißt in der Tasche – der gehört hintenhin.
VALENTIN *hält ihn auf die Hose.* Hier?
SCHUTZMANN Nein – hinten auf das Rad – wie ich sehe, ist

das ja ein Transportrad – Sie haben ja da Ziegelsteine, wollen Sie denn bauen?
VALENTIN Bauen – ich? Nein! – Warum soll ich auch noch bauen! Wird ja soviel gebaut.
SCHUTZMANN Warum haben Sie dann die schweren Steine an Ihr Rad gebunden?
VALENTIN Damit ich bei Gegenwind leichter fahre, gestern in der Frühe zum Beispiel ist so ein starker Wind gegangen, da hab ich die Steine nicht dabei gehabt, ich wollt nach Sendling nauf fahren, daweil bin ich nach Schwabing nunter kommen.
SCHUTZMANN Wie heißen Sie denn?
VALENTIN Wrdlbrmpfd.
SCHUTZMANN Wie?
VALENTIN Wrdlbrmpfd ––
SCHUTZMANN Waldstrumpf?
VALENTIN Wr – dl – brmpfd!
SCHUTZMANN Reden S' doch deutlich, brummen S' nicht immer in Ihren Bart hinein.
VALENTIN *zieht den Bart herunter* Wrdlbrmpfd.
SCHUTZMANN So ein saublöder Name – Schaun S' jetzt, daß Sie weiterkommen
VALENTIN *fährt weg – kehrt aber noch mal um und sagt zum Schutzmann* Sie, Herr Schutzmann …
SCHUTZMANN Was wollen Sie denn noch?
VALENTIN An schönen Gruß soll ich Ihnen ausrichten von meiner Schwester.
SCHUTZMANN Danke – ich kenne ja Ihre Schwester gar nicht.
VALENTIN So eine kleine stumpferte – die kennen Sie nicht? Nein, ich habe mich falsch ausgedrückt, ich mein, ob ich meiner Schwester von Ihnen einen schönen Gruß ausrichten soll?
SCHUTZMANN Aber ich kenne doch Ihre Schwester gar nicht. Wie heißt denn Ihre Schwester?
VALENTIN Die heißt auch Wrdlbrmpfd –––" (Valentin S. 72–73)

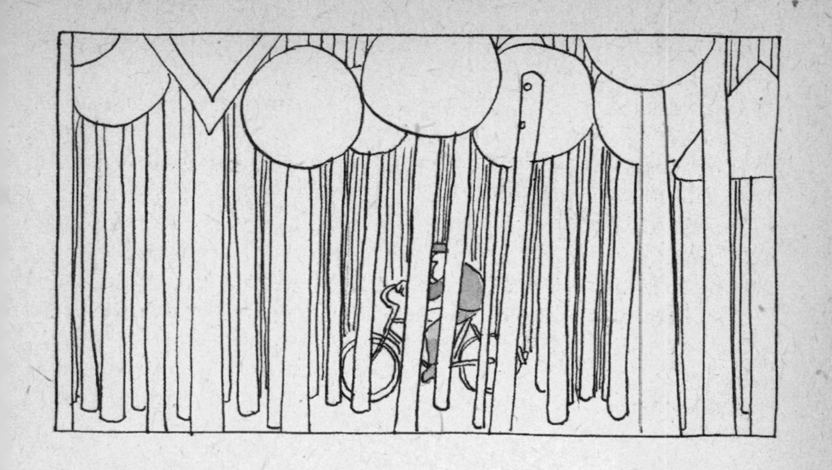

Kein Radfahrer im Park

Am 14. März 1900 unternahm der Kaufmann Bach aus Köln eine Radfahrt in die Umgebung. In einem Dorf beschimpfte ihn der Führer eines Pferdefuhrwerks, den er zum Ausweichen aufgefordert hatte: Du Lump, du Stockfisch, wenn du noch einmal dein Maul aufmachst, ziehe ich dich vom Rade herunter, du Esel! Hast du auch dein Rad bezahlt, du Schwindler, du Hungerleider! Die Dorfbewohner sahen diesem Gaudi interessiert zu. Der Kaufmann klagte daraufhin gegen den Bauer beim Königlichen Amtsgericht zu Köln, nachdem der Bauer vorher zu einem angesetzten Termin beim Schiedsmann nicht erschienen war. Die Anklage lautete: Öffentliche Beleidigung.

Über solche und ähnliche Ereignisse berichteten damals die lokalen Zeitungen sehr häufig. Schließlich nahm die Zahl der Radfahrer in den Städten und Dörfern lawinenartig zu. Dieser Siegeszug des Fahrrades mußte regelrecht erkämpft werden. Gerade gegründete Radfahrvereine drohten wieder auseinanderzufallen, weil örtliche Fahrverbote das Radfahren unmöglich machten. Zehn verschiedene Verordnungen galten allein in Deutschland. Dazu kamen ständig neue Verbote und unliebsame Polizeibestimmungen.

Vor allem die Polizei entwickelte sich zum Schrecken der Radler. Landesämter sperrten nach Belieben Landstraßen und hetzten die Ortsgendarmen auf jeden „Straßenfloh“ und „Sonntagsstrampler“, der angeblich die Ordnung und Sicherheit gefährdete.

In Berlin sah dies 1884 so aus: „Bei manchen Ortschaften gab es regelrechte Straßenfallen. Besonders berüchtigt war der Amtsvorsteher von Adlershof. Auch der Berliner Polizeipräsident machte durch überreichliche Straßensperrungen das Leben sauer. Wenn er dann auch viele freigeben mußte, gesperrt blieben Friedrichstraße, Leipziger Straße und Spittelmarkt, Potsdamer Straße und Potsdamer Platz, Unter den Linden und Pariser Platz.

Nach einem jahrzehntelang hartnäckig geführten Krieg mit den Landratsämtern blieben die Radfahrvereine schließlich Sieger über alle Instanzen – ausgenommen den preußischen Minister der öffentlichen Arbeiten und Chef des Reichsbahnamtes, Karl von Thielen. Als dieser zurücktrat, bescheinigte ihm die ‚Märkische-Radfahrer-Zeitung‘, daß ‚alles, was zum Fahrrad schwört‘, ihm keine Träne nachweine.

Durch die Einführung einer polizeilichen Zulassungskarte und so horrender Transportgebühren auf der Eisenbahn, wie es sie in keinem anderen Lande gab (von der rücksichtslosen Behandlung der Radtouristen seitens der Eisenbahnbeamten ganz zu schweigen), habe es Herr von Thielen ‚wie keiner seiner Kollegen verstanden, den Fahrradverkehr zu unterbinden, durch sein Besteuerungssystem das Fahrrad in der Ausbreitung möglichst zu hemmen, und hat dabei den Säckel des Staates zu füllen vermocht ...‘. Möge ihm sein Abschied so leicht werden wie uns und ihm die Ruhe so gut bekommen, wie den Radtouristen sein Nachfolger.“ (Lange, S. 537–539)

Wie die deutsche Verkehrszeitung damals meldete, sollte auch in Preußen „ein Normalstatut für Radfahrer-Polizeiverordnungen“ erlassen werden; denn eine im ganzen Staatsgebiet geltende einheitliche Verordnung für den Rad-

Königreich Sachsen. Nr. 117

Radfahrkarte

für

Otto Große

(Name, Stand)

wohnhaft zu

(Ort) den 20 Juli 1916

Gemeindeamt Stauchitz

(Polizeibehörde)

(Unterschrift des Inhabers)

Die Fahrradkarte: Ausweis des Radlers

fahrverkehr fehlte noch. Die Königreiche Sachsen, Bayern und Württemberg waren da schon „fortschrittlicher“. Sie besaßen Vorschriften der Verordnung für den Verkehr mit Fahrrädern auf öffentlichen Wegen. Der Rechtsanwalt und Notar von Schimmelpfennig-Bartenstein in Ostpreußen, der Vorsitzende der Rechtsschutz-Kommission des Deutschen-Radfahrer-Bundes, schrieb 1897 über die Ursachen für das Verhalten der Polizei:

„Mit der Einführung des Rades, mit der immer allgemeiner werdenden Verbreitung dieses Sportwerkzeuges im edelsten Sinne, mit der ständig wachsenden Zunahme der Benutzung des Rades als Verkehrsmittel ist ein neues Element auf die Straße getreten, für das die bisherigen Vorschriften nicht ausreichten. Auch der von niederen und höheren Gerichten verschiedentlich in Urteilen ausgesprochene Rechtssatz, daß das Fahrrad als Fuhrwerk anzusehen sei und daß daher die für den Fuhrwerksverkehr erlassenen polizeilichen Vorschriften für den Verkehr auf Fahrrädern sinngemäße Anwendung zu finden hätten, genügt nicht für eine allseitig befriedigende Regelung der Frage. Die Verschiedenheiten zwischen dem von Pferden gezogenen Wagen und dem Fahrrade sind doch vielseitige und einschneidende, als daß man mit diesem allgemeinen Rechtssatz auskommen könnte. So war es nicht nur ein gutes Recht, sondern geradezu eine Pflicht der Polizeibehörden, neue Bestimmungen für den Fahrradverkehr zu erlassen, Bestimmungen teils allgemeiner Natur, teils zum Schutze der Radfahrer, teils auch – welcher einsichtige Radfahrer wollte die Notwendigkeit leugnen – zum Schutze des Publikums gegen die Radfahrer."

Und so betonte der Rechtsanwalt: „Diese Vorschriften beziehen sich im wesentlichen auf das Verhalten des Radfahrers gegenüber anderen Benutzern der Straße, auf die Ausrüstung des Rades, die Legitimation des Radlers und die erlaubten und verbotenen Straßenteile und Straßen." (Salvisberg, S. 171/172) Was mußte der Radler von damals wissen, wenn er sich mit seinem Gefährt auf öffentliche Straßen wagte?

In der Verordnung des Königreiches Sachsen ist im § 2 zu lesen: Jedes Fahrrad muß während der Benutzung auf öffentlichen Wegen an der Lenkstange oder kurz unterhalb derselben ein offenes oder mit unverschlossenem Deckel versehenes Schild tragen, welches mit in der Nähe leicht lesbarer Schrift den Namen, Stand und Wohnort sowie die Wohnung derjenigen Person, welche das Fahrrad benutzt, angibt. Jedes solches Fahrrad muß ferner mit einer vom Fahrer leicht zu bedienenden helltönenden Warnglocke versehen sein.

Es hat weiter in der Zeit von einer halben Stunde nach Sonnenuntergang bis zu einer halben Stunde vor Sonnenaufgang während der Benutzung eine möglichst hoch anzubringende, hellbrennende Laterne zu tragen, welche so eingerichtet ist, daß sie ihr Licht durch ungefärbtes Glas nach vorn wirft. Auch muß an jedem solchen Fahrrad mindestens eine schnell und kräftig wirkende, leicht zu bedienende Bremse angebracht sein."

In § 3 hieß es: „Die Radfahrer haben sich allen Handlungen zu enthalten, welche den übrigen Verkehr belästigen oder Zug-, Reit- oder getriebene Pferde beunruhigen können."

Auch war das „Entfernen der Füße von den Pedalen ... bei einsitzigen Fahrrädern während des Fahrens in jedem Falle verboten."

§ 4 regelte den Umgang mit der Obrigkeit. „Die Radfahrer haben auf Verlangen der Wegeaufsichts- und Polizeiorgane jederzeit sofort zu halten und die etwa verlangte Auskunft zu erteilen." (Schiefferdecker, S. 490)

Alles hatte der Gesetzgeber geregelt. Auch wie sich der Fahrer bei entgegenkommenden Reit- und Wagenpferden verhalten mußte. Bei scheuenden Tieren hatte er abzusitzen und sich dem Auge derselben zu entziehen. Der Feuerwehr, das ist klar, aber auch den Wagen des allerhöchsten Hofes war auszuweichen, beziehungsweise der Radfahrer hatte abzusitzen. Das Gesetz verbot ebenfalls übermäßig schnelles Fahren, das Umkreisen von Fuhrwerken, Menschen und Tieren, das Mitführen von Kindern auf dem Fahrrad und sonstige Handlungen, die den Verkehr störten, Pferde oder andere Tiere scheu machten. Nachzulesen in den Oberpolizeilichen Vorschriften für Radfahrer im Königreich Bayern von 1898.

So belehrt und mit zweckdienlichen Hinweisen ausgerüstet, konnte man die Fahrt beginnen. Dabei wurde bergab abgestiegen und im allgemeinen eine „mäßige Gangart" beibehalten. Überkam den Radfahrer aber doch der Rausch der Geschwindigkeit oder bellte ihn ein Hund an, so daß er zu seiner Abwehr einen Knallkörper zündete und floh, landete er in den Armen der allgegenwärtigen Ordnungshüter. In der Regel mußte er erst einmal seine „Radfahrkarte" zeigen. Diese ominöse Legitimation beschrieb die bayrische Verordnung genau: § 12 legte fest:
„Jeder Radfahrer muß eine von der Ortspolizeibehörde seines Wohnortes, falls er einen Wohnort in Bayern nicht hat, seines Aufenthaltsortes ausgestellte, auf seinen Namen lautende Fahrkarte bei sich führen und auf Erfordern den Aufsichtsbeamten vorzeigen. Personen, welche sich nicht im Besitze einer solchen Fahrkarte befinden, dürfen auf öffentlichen Wegen, Straßen und Plätzen nicht radfahren."

Umsonst gab es diese Legitimation nicht. Nur für „Personen, welche das Fahrrad ausschließlich im öffentlichen Dienste benutzen, wie Gendarmen, Schutzleute, Feuerwehrleute, Briefträger, Distrikttechniker, Straßenwärter und so weiter, erfolgt die Ausstellung der Fahrkarte gemäß Artikel 3 Ziffer 1 des Gebührengesetzes gebührenfrei". (Schiefferdecker, S. 493/494)

Traf ein Polizist einen Radler ohne Karte, konnte er eine Geldstrafe kassieren oder den Unbotmäßigen ins Gefängnis stecken. Den Paragraphen „Feststellung und Festnahme von Personen" wandte man in Deutschland besonders zur Zeit des Sozialistengesetzes gegen die Roten Radler der Arbeiterbewegung an.

Alles in allem bildeten diese Vorschriften ein hartes Korsett für den Radler der Jahrhundertwende. Der Fahrradfahrer galt als Exot und noch nicht als vollwertiger Verkehrsteilnehmer.

In Wien mit damals rund 15000 Pedalrittern erließen die Behörden erst 1896 die Fahrfreiheit für alle Straßen. In München blieb der Englische Garten auch weiterhin für die Fahrradfahrer gesperrt. Zahlreiche Klagen veröffentlichten damals die Fachzeitschriften und die Mitteilungsblätter der Fahrradverbände über Scharmützel mit unverständigen Polizeiorganen. Private Versicherungen erkannten ihre Chance und boten den armen geplagten Sündern radsportliche Versicherungen gegen Schaden und Diebstahl an. So ausgerüstet vertraute sich der Radler nun dem Verkehr an. All Heil!

Veloreiterinnen

So schilderte Emile Zola den Anblick einer Frau, die sich anschickte, ihr Stahlroß zu besteigen.
„Sie war bereits fertig angezogen, trug schwarze Kniehosen aus Serge und ein kurzes Jäckchen aus dem gleichen Stoff über einer rohseidenen Bluse, und der Aprilmorgen war so klar, so milde, daß sie fröhlich ausrief: ‚Ach, das macht nichts, ich nehme Sie mit, wir fahren dann beide allein! ... Sie müssen unbedingt die Freude kennenlernen, auf einer guten Straße zwischen schönen Bäumen dahinzuradeln.'" (Zola, S. 464)

Anfänglich sah man sie recht selten auf den Straßen, die Veloreiterinnen. Zwar gab es zur Zeit der Laufräder spezielle Maschinen für Frauen, doch waren dies schwerfällige Vehikel. Die Hochräder benutzten nur Artistinnen. Lediglich in München sollen Anfang der achtziger Jahre eifrige Damen der besseren Gesellschaft, als Knaben verkleidet, Hochrad gefahren sein. Ansonsten begnügten sich die weiblichen Pédaleurs mit dem Dreirad. Eine Extravaganz leisteten sich einige Pariserinnen, die im Park von Saint-Cloud bei Paris ein erstes Damenrennen veranstalteten.

Die Damen der besseren Gesellschaft, die das Geld und die Zeit hatten, sich das kostspielige Hobby zu leisten, ergingen sich radelnd mit ihrem Gerät auf stillen Waldchausseen. Ihre Räder ließen sie sich an den Stadtrand bringen. Dort radelten sie heimlich. Begegneten sie doch vereinzelten Passanten, so ernteten sie Hohngelächter oder lösten tugendhaftes Entsetzen aus. Oftmals rief man ihnen unzweideutige Bemerkungen zu. Besonders brachten die bloßen Knöchel der Radfahrerinnen die Volksseele zum Kochen. Fortschritt traf auf Konvention. Die Radfahrerin fiel aus dem Rahmen des Bildes, das die Gesellschaft von der Frau zeichnete.

August Bebel beurteilte das so: „Die verheiratete Frau des Bürgerstandes lebte in jener Zeit in strenger häuslicher Zurückgezogenheit ..."

Schiller hatte schon zum Hausmütterchenideal geschrieben, „die züchtige Hausfrau, die reget ohn' End die fleißigen Händ'". Und Ideologien über die verhältnismäßige Leichtigkeit des Gehirns der Frau, ihre geringe Begabung und über naturgegebene Geschlechtsfunktionen taten ein Übriges, die Frauen von einer sportlichen Betätigung auszuschließen. Doch mit der Entwicklung des Kapitalismus und der industriellen Revolution nahm auch die Frauenarbeit zu, und die Frauen drängten immer mehr in das gesellschaftliche Leben. Dies hatte zur Folge, daß es zum Erstarken einer bürgerlichen und proletarischen Frauenbewegung kam. Die wachsende Stärke der Arbeiterklasse inspirierte auch starke Emanzipationsvorstellungen der Frauen im Kampf für ihre Freiheit und Gleichheit in Beruf und Gesellschaft.

Anfänglich setzten sich vor allem bürgerliche Frauenvereine auch für die Gleichheit auf dem Fahrrad ein. Sie glaubten, hauptsächlich durch Bildung und Erziehung die Frauenfrage lösen zu können. Damit beschränkten sie sich auf den Kampf gegen die Vorrechte des Mannes in Familie, Staat und Gesellschaft. Vor allem die Frauen aus dem Bürgertum nutzten die neuen Möglichkeiten, zum Beispiel das Fahrradfahren, hatten doch auch nur sie in erster Linie die materiellen Möglichkeiten dafür.

„So sittlich und edel, lieber Herr Collega, diese Leibesübung dem Manne ansteht, so sehr ist der Anblick eines radfahrenden Weibes geeigenschaftet, unseren am klassischen Geiste geläuterten Schönheitssinn in seiner vollen und ganzen Tiefe zu empören.“ (Zeichnung von Th. Th. Heine aus dem Simplicissimus)

Zola beschreibt das so:
„... Und dennoch, welch gute Erziehung ist das Radfahren für eine Frau!“
„Wieso?“
„Oh, ich habe darüber meine eigenen Ansichten ... Wenn ich eines Tages eine Tochter habe, dann werde ich sie schon mit 10 Jahren auf ein Rad setzen, um sie frühzeitig zu lehren, wie sie sich im Leben verhalten soll.“
„Also die Emanzipation der Frau durch das Fahrrad.“
„Gott, warum nicht? Das scheint komisch und doch, sehen Sie, welcher Weg bereits zurückgelegt wurde: die Hose befreit die Beine, beide Geschlechter unternehmen in völliger Gleichberechtigung gemeinschaftliche Ausfahrten, Frau und Kinder folgen dem Gatten überallhin, Kameraden, wie wir beide, streifen durch Wald und Feld, ohne daß man sich darüber verwundert.“ (Zola, S. 468)

Doch bis dahin führte ein langer Weg quer durch bürgerliche Vorurteile. Das änderte sich mit dem Sicherheits-Niederrad auf dem Markt und der Bewegung des Turnvaters Jahns auf den Sportplätzen erheblich. Doch es bedurfte großer propagandistischer Anstrengungen, um das Fahrrad an die Frau zu bringen.

Fragte man zu jener Zeit eine Dame oder ein junges Mädchen, warum sie nicht „velocipede“, so antwortete sie bestimmt, es sei unschicklich und unanständig.

Die Industrie, am Absatz interessiert, umwarb immer wieder die Damenwelt. Dabei unterschied man zwischen der eleganten Dame und der sportlichen Frau. Der ersten wurde Weiblichkeit auf dem Rad demonstriert: ein weißes Kleid oder ein langer, weiter Rock.

Doch die Technik des Damenrades entsprach vorerst nicht den Erfordernissen. Noch war der Kettenschutz ungenügend, und die Röcke verfingen sich immer wieder in den Hinterrädern. Die Fahrradzeitschrift „Radler und Radlerin“ bot 1900 eine Alternative für die sportliche Frau:
„An dem an der Innenseite des Rockvorderteils sitzenden Doppelring ist das Zugseil befestigt; es läuft zwischen den Beinen der Trägerin hindurch zu dem am hinteren Rockteil etwas tiefer sitzenden einfachen Ring, von dort zurück

zum zweiten Auge des Rings und endlich durch ein Loch im Rock nach außen.

Bevor die Dame das Rad besteigt, zieht sie an der Schnur oder dem Band, dadurch wird sofort der hintere Teil des Rocks eingezogen, während die beiden Rückseiten in gleichmäßiger Weise nach den Seiten verteilt werden.

Die Dame kann nun ihren Sitz im Sattel einnehmen, ohne sich später einmal in den Pedalen erheben und das Kleid ordnen zu müssen.“

Zweiradeinheit

Radwanderer, kommst du nach Bad Schmiedeberg, so verweile an einem schlichten Steindenkmal. Es kündet von einem Stück deutscher Fahrradgeschichte: Bund Deutscher Radfahrer. Nach seiner Gründung begann in Deutschland die Geschichte des organisierten Radsports.

Blickt man zurück in das Deutschland der Jahrhundertwende, in den deutschen Nationalstaat, der durch „Blut und Eisen“ geschaffen wurde, so ist er vor allem durch die Politik Bismarcks und sein Sozialistengesetz geprägt. Gleichzeitig blühte das Vereinswesen, getragen vom deutschen Kleinbürgertum, das sich in seinen Vereinen die heile Welt organisierte, die ihm die bürgerliche kapitalistische Gesellschaft nicht mehr bot. Für die Arbeiterbewegung bot sich unter dem Joch des Sozialistengesetzes der Verein als die beste Tarnung für ungestörtes Zusammenkommen politisch Gleichgesinnter.

Entsprechend ihren materiellen Möglichkeiten gründeten die Radfahrer aus dem Bürgertum die ersten Klubs. Die ältesten sind der Altonaer Bicycle-Club, 1869 unter dem Namen Eimsbütteler Velocipeden-Reit-Club gegründet.

Dort gab es schon einen sogenannten Velocipeden-Reitmeister und ein Reitreglement. In Magdeburg gründete Carl Hindenburg, der spätere erste Vorsitzende des Deutschen-Radfahrer-Bundes, den Velocipeden-Club Magdeburg. Der Klub veranstaltete von da ab jährlich ein großes Saalsportfest im ehemaligen Viktoria-Theater auf dem Werder. Hier entstand später der Werder-Renntag mit einer Rennbahn von 333 Meter Länge und 6 Meter Breite. Sehr schnell hatte der Klub 85 Mitglieder. Im selben Jahr entstanden auch in München und Berlin Veloklubs. Zu Beginn der achtziger Jahre begann ein reges Klubleben in den Großstädten. Auch in mancher Kleinstadt ging es dabei hoch her. Das Für und Wider wurde debattiert, wie es ein Polizeispitzel seiner Obrigkeit zu berichten wußte.

„Betrifft:
Gründungsveranstaltung einer Gesellschaft zur Förderung des Radfahrens“

Gegen 19.00 Uhr wurde die Versammlung im Gasthof „Zur Linde“ vom hiesigen Präparator und Fahrradagenten, Herrn Franz Schröder, als eröffnet erklärt. Zugegen waren die Herren E. und E. Schmidt, Besitzer des ortsansässigen Geschäfts für Nähmaschinen, Herr Zimmermann junior von der hiesigen Wurstdarmfabrik, der aktenkundige Lehrer Gützkow, der unselbständige Dachdecker Heinemann, Agitator der verbotenen Sozialdemokratischen Partei, und ein in seiner Begleitung befindlicher Ziegeleiarbeiter namens Wachsmann.

Präparator Schröder führte in seinen Begrüßungsworten aus, daß das Velociped auf seinem Siegeszug um die Welt endlich auch die Stadt Coburg erreicht habe. Nun gelte es, den Kreis der Interessenten zu erweitern und die dieser Maschine entgegengebrachte Ablehnung zu vermindern. Erst neulich habe ein aufgebrachter Passant versucht, ihm den Spazierstock in die Speichen zu stecken. Solche Tätlichkeiten seien noch immer an der Tagesordnung, obwohl der Radfahrer doch mit dem friedlichsten Sinn seine Maschine besteige und darauf selbst auch höchst verletzlich sei. Wichtig sei aber auch der Austausch von Erfahrungen in technischer Hinsicht, so habe er neulich zum Beispiel

Denkmal des Bundes-Deutscher-Radfahrer in Bad Schmiedeberg

verbogene Speichen wechseln müssen, sodann aber festgestellt, daß man sehr wohl auch mit den fehlenden nach Hause fahren könne, um dort in Ruhe die Ausbesserung vorzunehmen. Das wichtigste aber sei, daß man ein ähnliches Selbstverständnis herausbilde wie die Reiter. Fällt ein galoppierender Reiter aus dem Sattel, kann er der Anteilnahme aller Damen versichert sein, fällt hingegen ein Radfahrer von seiner Maschine, erntet er nur Gelächter.

Nach dieser allgemeinen Einleitung entspann sich eine heftige Debatte darüber, wer denn Mitglied des zu gründenden Vereins werden könne, da nicht alle Anwesenden im Besitz eines Rades waren. Velocipedbesitzer waren: Herr Präparator Schröder, Lehrer Gützkow, Herr Zimmermann junior sowie Redakteur Hofmann, der ein Rad bestellt, aber noch nicht bezogen hatte. Lehrer Gützkow forderte, daß der Verein jedem Interessierten offenstehen müsse. Dieser Antrag zeigte, daß Gützkow mit dem zu gründenden Verein andere Zwecke verfolgt als die der Fahrradfreunde. Auch der stadtbekannte sozialdemokratische Agitator redete in ähnlicher Richtung. Er führte lange aus, wie wichtig gerade das Rad für den Arbeiter sei, der morgens vom Lande in die Stadt zur Arbeit in die Fabrik gehen müsse und abends wieder nach Hause. Er nannte als Beispiel den jungen Ziegeleiarbeiter Wachsmann, der täglich vier Stunden gehen müsse. Herr Zimmermann junior warf ein, daß zufrieden sein müsse, wer an der frischen Luft ginge, er habe sich das Rad angeschafft, weil er den Tag über im Büro sitzen müsse.

Daraufhin stieß der Agitator Hartmann den Ziegeleiarbeiter mehrmals an, um ihn dazu zu bringen, Herrn Zimmermann junior etwas zu entgegnen.

Wachsmann stand auch auf, setzte sich aber wieder hin, nachdem er gesagt hatte: Ja, das ist so. Sodann sprach Heinemann weiter und sagte, der Preis eines Rades sei für einen Arbeiter unerschwinglich, darum wolle man versuchen, vom Arbeitersportverein aus wenigstens ein Rad zu kaufen, und habe den Kollegen Wachsmann, der ein hervorragender Turner sei, dazu ausgewählt, das Radfahren zu erlernen, damit er seine Kenntnisse sodann den anderen

Arbeitersportlern weitergeben könne. Wachsmann renkte sich die Finger ein und zeigte erstmals Interesse an dem, was um ihn herum vorging. Lehrer Gützkow rief: Alle Radfahrer sind gleich –

Daraufhin interpellierte Redakteur Hofmann: Nicht jeder Reiter ist ein Reiter, nur weil er ein Pferd besitzt und es dann und wann einmal besteigt, um es zur Schwemme zu reiten. So ist auch nicht jeder Besitzer eines Fahrrades ein Radfahrer im höheren Sinne. (Heinemann: Hört, hört!, Gützkow: Was Sie im Sinn haben, wissen wir!) Arbeiter, welche aus den Vororten auf hohen Zweirädern des Morgens in ihre Werkstätten eilen und des Abends die Maschine dazu benutzen, um wieder möglichst rasch nach Hause zu gelangen, oder Chausseebeamte, die mit ihren Rädern die Wegstrecken befahren, ferner Markthelfer und Geschäftsgehilfen, die vermittels Dreirädern Waren zu befördern haben, vermögen wir nicht zu Radfahrern zu zählen. Hier nun wurde der Redner von Zwischenrufen und Beschimpfungen unterbrochen. Der Ziegeleiarbeiter Wachsmann wurde von Heinemann mit Ellenbogenstößen traktiert und wachte auf. Er sah aber nur verständnislos Heinemann an, der ihn wohl dazu bringen wollte, gegen den Redakteur Hofmann tätlich zu werden. Redakteur Hofmann ließ sich von diesem Haß aber nicht einschüchtern und führte weiter aus: Radfahrer im höheren Sinn sind nur solche, welche das Radfahren sportsmäßig betreiben. Und hierzu rechnen wir auch diejenigen, welche dabei, obwohl sie mit dem Rad fahren, einen bestimmten praktischen Zweck verbinden, wie die Herren Ärzte, die auf ihrem Rade ihre Patienten aufsuchen, oder die Gerichtsvollzieher, die auf denselben die Opfer der Justiz heimsuchen (hierbei fixierte der Vortragende den Präparator Schröder, dessen hohe Verschuldung stadtbekannt ist), das sportmäßige Äußere wahren.

Der Ziegeleiarbeiter rief: An Raach, kaum zu ertrogn.

Und der Lehrer Gützkow: Herrenhochfahrer. Redakteur Hofmann erwiderte: Wären die Herren satisfaktionsfähig, könne er ihnen eine gebührende Antwort geben, so aber müsse er auf das Sprichwort von der deutschen Eiche und dem sich daran reibenden Schwein verweisen.

Deutsche Vereinsseligkeit: Mannschaft des Spandauer Radfahrer-Klubs „Wanderer 85/93“

Daraufhin sprang der Ziegeleiarbeiter Wachsmann auf, wurde aber von Heinemann festgehalten, der ganz offensichtlich andere, weiterreichende Ziele im Auge zu haben schien.

Sodann ergriff Präparator Schröder, der Spiritus rector dieser Gesellschaft, ein und versuchte, schlichtend auf die zerstrittenen Parteien einzuwirken, wobei anzumerken ist, daß sich die Herren E. und E. Schmidt schweigend im Hintergrund hielten. Schröder machte den Vorschlag, das Problem zu vertagen, bis es sich stelle, nämlich dann, wenn der erste Arbeiter ein Rad habe. Schröder, dem es einzig und allein um das Radfahren geht, hatte offenbar nicht verstanden, welche wahren Absichten die angeblichen Radfreunde mit dem Fahrradfahren verfolgen. Es ist darum empfehlenswert, auch die zur Verabredung gekommene nächste Sitzung des zu gründenden Vereins zu beobachten. Auslagen für Verzehr: 4 Biere, 1 Kalbsbraten. Zusammen 1 Mark 75 Pfennig. Unterschrift: unleserlich.“ (Timm, S. 62–55)

Die Geschichte der Gründung einer einheitlichen bürgerlichen Radsportorganisation ist die Geschichte ihrer

Spaltungen und Sonderbündeleien. Die ersten überregionalen Verbände waren die „Deutsche Bicycle-Union" (1861) und der „Deutsche Velocipedisten-Verband" (1862). Doch davon spaltete sich der „Norddeutsche Velocipedisten-Verband" (1862) ab. Auch in Sachsen und im Rheinland machte man sich selbständig.

Die bürgerliche Sportbewegung entwickelte sich in drei Etappen: Die Entstehung einzelner lokaler Klubs, die Bildung nationaler Verbände und die Gründung internationaler Sportföderationen. Die soziale und politische Struktur der bürgerlichen Sportbewegung in Deutschland entsprach dem in dieser Epoche sich rasch vollziehenden Differenzierungsprozeß in der Bourgeoisie. Groß- und Handelsbourgeoisie, bürgerliche Intelligenz und Kleinbürgertum trafen in hitzigen Debatten immer wieder aufeinander. Die Politik griff unmittelbar in die Auseinandersetzungen ein. Der Monarch förderte mit seinen „Kaiserpreisen" nur ganz bestimmte Sportarten.

Vor allem unter Wilhelm II. wucherte in den Verbänden in einer Atmosphäre beginnender Weltmacht- und Aufrüstungspolitik immer stärker der Militarismus und Nationalismus.

Doch die Radrevolte kam aus England.

Großbritannien spielte nicht nur für die technische Entwicklung des Fahrrades eine Vorreiterrolle. Auch bei der Bildung von Radsport-Verbänden schaute man nach England, wo durch den klassischen Industriekapitalismus auch der Sport ebenfalls einen zeitlichen Vorsprung gegenüber der Entwicklung auf dem Festland hatte.

Das erste deutsche Rennen 1880 in München gewann der Engländer T. H. S. Walker gegen 24 Konkurrenten. Er half dann auch dem deutschen Radsport auf die Räder. 1881 gab er die erste deutsche Radsportzeitschrift „Das Velociped" heraus. Durch seine Anregungen wurden bald im ganzen Land Radklubs gegründet und zahlreiche Rennbahnen gebaut. Ende 1881 gab es bereits 26. Gleichzeitig schrieb Walker das erste in Deutschland erschienene Trainingsbuch „Die Kunst des Trainierens für Radwettfahrten".

Doch nicht nur das Wettfahren wollte man gemeinschaftlich organisieren, vor allem die Radwanderfahrer drängten auf einen regionalen und überregionalen Zusammenschluß. So kam der August 1884, in Leipzig wurde der Deutsche-Radfahrer-Bund gegründet.

Immerhin verfügte diese sächsische Großstadt über eine sportliche Tradition. Hier fand das 3. Allgemeine Turnfest 1863 statt, und 1865 gründete der Arbeiterbildungsverein Leipzig eine Turnabteilung. Nun sollte von hier ein Impuls für den organisierten Radsport in Deutschland ausgehen.

Unter der Federführung von Heinrich Kleyer, später Gründer der Adler-Fahrradwerke, nahm der I. Bundestag seine Arbeit auf. Auch Walker trat wieder auf den Plan, er gründete das erste offizielle Organ „Der Radfahrer". Eine „Velodrom-Ordnung" entstand, und Rennbestimmungen wurden festgelegt. Der Bund untergliederte sich in Gauverbände, deren Zweck „die Förderung des Radfahrsports ... namentlich durch Veranstaltung von Wett- und Tourenfahrten nebst Pflege des Kunstfahrens" sein sollte. (Salvisberg, S. 196)

Mitglied des Bundes konnte jeder werden, der das 18. Lebensjahr vollendet hatte, ein „unbescholtener Radfahrer" und ein „Freund des Radsports" war.

Deutsche Vereinsmeierei erklomm die höchsten Gipfel. Verbandstage waren Höhepunkte. 1895 fand wie üblich im August in Hannover der XI. Bundestag des Deutschen-Radfahrer-Bundes statt. Er begann an einem Freitag.

Prächtig dekoriert präsentiert sich am Freitag, dem 3. August 1895 der Saal des Odeons. Die Militärkapelle des Infanterie-Regiments 74 eröffnet das Treffen mit einem zünftigen Marsch. Der Vorsitzende des Hannoverschen Bicycle-Clubs begrüßt mit einem kräftigen „All Heil!" die anwesenden Gäste. Voller Stolz berichtet der Vorsitzende, daß der Verband jetzt 20000 Mitglieder zählt. Trinksprüche und gemeinsames Singen stärken das Gefühl der Zusammengehörigkeit. Schauspieler tragen kleine Stücke, Lieder vor und Gedichte über das Radfahren und den Bund und bringen das Selbstwertgefühl der Anwesenden zum Ausdruck. Gegen ein Uhr trennt man sich voller Vorfreude auf den kommenden Tag, den Tag der Eröffnungsfeier.

Reden werden gehalten, Banner übergeben, und immer wieder schallt das „All Heil", durch den Tagungssaal. Mitglieder verteilen Gedenkmünzen mit dem Entwurf eines Denkmals für Herrn von Drais. Drei „ernsthafte" Verhandlungstage halten die Teilnehmer in Atem. Man streitet um den Amateurstatus, wählt den Vorstand neu und berichtet über die Kassenlage. Eingeschoben wird ein Bericht des Bundeswartes über Korso-, Saal- und Kunstfahren. Alle freuen sich besonders auf den Tag des Korsos, die schönste Veranstaltung des Festes.

Am Sonntag ist es soweit. Zwei Stunden brauchte man für die Aufstellung der Teilnehmer. Über 1100 Fahrräder und ungefähr 70 Wagen zählen die Veranstalter. Zahlreiche Damen zu Rade setzen den Punkt aufs sportlicher Attraktivität. Doch über einige Mißlichkeiten berichtet die Chronik.

Auf der Talenbergerstraße kommt es zu erheblichen Störungen. Zu beiden Seiten der Straße sind 50 Milchwagen aufgefahren, die den Vorbeimarsch der Korsoteilnehmer stark behindern. Die Straßenbahnen verstärken das Chaos, indem deren Fahrer einfach in die Menge hineinfuhren und die „Ordnung erheblich störten".

Zum Abschluß kürt die Jury die schönsten Kostüme und Darbietungen. Da gab es welche für Hoch- und Niederräder und die kleinsten Vereine. Zum Abschluß finden noch einige Rennen statt, die sich großer Beliebtheit erfreuen. Mehr als 1800 Zuschauer feuern die Radler an. Zum Abschluß des Verbandstages beschließen die Anwesenden den Beitritt zum Internationalen Radfahrer-Bund. So allseitig gestärkt fahren die Teilnehmer wieder in ihre Gaue.

Schon 1885 auf dem II. Bundestag krachte der Bund in allen Fugen. Auf einer gesondert abgehaltenen Versammlung spaltete sich der Allgemeine Deutsche Radfahrverein ab, der ab 1886 als Allgemeine Radfahrer Union firmierte. In ihm pflegten die Mitglieder ausschließlich das Radwandern. Erst 1919 vereinten sich beide Verbände zum Bund Deutscher Radfahrer.

So schnell die Einheit gewonnen war, so schnell zerrann sie wieder. Bis in die späte Zeit der Weimarer Republik exi

Der Korso, Höhepunkt des Bundestages in Görlitz

stierten 30 kleinere und kleinste bürgerliche Radsportverbände.

Immer mehr Fahrräder verließen die Fabriken, immer mehr Menschen schwangen sich in den Sattel. Der Deutsche-Radfahrer-Bund warb neue Mitglieder.

Salvisberg schreibt: „Der Wert und der Reiz des Radfahrens liegt in der Vereinigung einer gesund erhaltenden oder Gesundheit schaffenden Leibesübung mit dem grossen Genuss, in freier Luft aus eigener Kraft in kurzer Zeit größere Wegstrecken zu durchmessen."

Es ging aufwärts mit dem Radsport. Die Trennung der Amateure und Profis war vollzogen. Immer wieder lockte die Industrie die besten Amateure mit Geldprämien ins Profilager. 1895 kamen die ersten ausländischen Profis nach Deutschland. Die von Dunlop eingeführten pneumatischen Reifen sorgten für immer schnellere Rennen und Wanderfahrten. Anfänglich verbot man den Start mit dieser neuen Bereifung wegen Explosionsgefahr. Doch der Nutzen überzeugte auch die letzten Zweifler. Allerorts entstanden die ersten Sportstätten unter freiem Himmel.

1891 komplettierte sich der Deutsche-Radfahrer-Bund

mit einem Bundesbanner und einem Bundeslied. Schlag auf Schlag fanden große Rennen statt.

Die Straßen- und Bahnradsportler fuhren schon ab 1890 getrennte Wege. Eine der ersten und zugleich bedeutendsten Straßentouren führte 1891 von Leipzig nach Berlin und zurück. Im Jahr 1892 fuhren Unentwegte von Wien nach Triest. 1893 folgte Wien–Berlin, eine beinahe legendäre 582-Kilometer-Fahrt.

Am 28. August 1896 fand am Kilometerstein 1 bei Zossen, am Rande Berlins, der Start für das Rennen um Berlin statt. Es sollte zu einem der bekanntesten und schwersten deutschen Rennen werden. Aber schon bald erfolgte ein vorzeitiges Aus für den deutschen Radsport. Die Behörden verboten organisierte Straßenfahrten. Erst nach zähem Kampf gab es 1902 wieder freie Fahrt.

1901 und 1902 trafen sich Enthusiasten zu ersten Weltmeisterschaften, und 1909 fiel in Berlin der Startschuß für das erste Sechstagerennen.

Bis vor dem ersten Weltkrieg zählten in der „Elliptischen Tretmühle“, wie Egon Erwin Kisch das Sechstagerennen in einer seiner Reportagen nannte, allein die gefahrenen Kilometer. Dann hatte ein gewisser Fredy Budzinski einen genialen Einfall: Die Punktewertung. Der Radsport war nun national und international fester Bestandteil der bürgerlichen Sportbewegung. Die Industrie arbeitete auf Hochtouren, und die Massenproduktion von Fahrrädern ermöglichte es, daß immer breitere Kreise sich in die Radfahrergilde einordneten. Durch starke Konkurrenz entwickelte sich eine rege Geschäftstätigkeit. Die Industrie produzierte nicht nur Räder, sondern errichete eigene Werkstätten und eigene Verkaufsstellen, Fahrradschulen, Radfahrhallen, freie und überdachte Rennbahnen und organisierte Rennen. Immer neue Absatzmöglichkeiten wurden erschlossen. Die Serienproduktion führte zu niedrigen Preisen. Die besser bezahlten Arbeiter konnten sich nun auch ein Fahrrad leisten. Aus dem Modesport der „besseren Kreise“ entwickelte sich ein Verkehrsmittel des Alltags.

Rote Husaren

Die Mädchen waren alle einheitlich in ein hübsches Blau-Weiß gekleidet, die Männer und Jungen dagegen einheitlich in Weiß mit schwarzen Strümpfen und Turnschuhen. Zwei Begleitfahrer links und rechts trugen eine Standarte und waren zusätzlich mit Schärpen geschmückt. Solch ein heiter-festliches Bild boten die meisten Ausflugsfahrten der Ortsgruppen des Arbeiterradfahrerbundes „Solidarität" dem Betrachter. Als „Uniform" trug man zu weißer Hose und weißem Hemd noch eine schwarze Krawatte mit Emblem.

Durch die Massenfabrikation der Fahrräder sanken die Preise immer mehr. Arbeiter konnten sich ein solches Gefährt leisten. Sie benutzten es vor allem als Transportmittel zur Arbeitsstelle. An vielen Orten bildeten sich kleine Gruppen von Arbeiterradfahrern. Man fuhr gemeinsam über Land, wandte sich gegen das „patriotische Gehabe und den Klimbim" sowie gegen den Radrennsport in den bürgerlichen Radsportverbänden. Gleichzeitig benutzte man die Ausfahrten, um für die Politik der Partei zu agitieren, um vor allem die Landbevölkerung mit dem Gedankengut der Sozialdemokratie vertraut zu machen. Ursprünglich Ausdruck sozialer Differenzierung und durch das Bürgertum zu einem Statussymbol erhoben, entwikkelte sich das Fahrrad in den Händen der Proletarier zu einem wichtigen Hilfsmittel im politischen Kampf gegen diese Klasse. Dem ging voraus, daß der Arbeiter als Käufer für das Kapital interessant geworden war. Das Geschäft mit der Freizeit begann. Immerhin ist es nun Privatsache, wie der Arbeiter seine Arbeitskraft reproduziert.

Kapitalistisches Gewinnstreben beförderte alle Arten von Freizeitdienstleistungen und diktierte auch die Angebote auf dem Markt. Am 2. August 1893 stand im „Berliner Volksblatt", der Beilage zum sozialdemokratischen „Vorwärts", zu lesen:

„An die sozialdemokratischen Radfahrer Deutschlands.
Sportgenossen!
Auf allen Gebieten des öffentlichen Lebens sondern sich die Arbeiter und Parteigenossen von ihren Gegnern ab und schließen sich zu eigenen, selbstständigen Organisationen zusammen. Auch wir Radfahrer wollen nicht zurückbleiben ... Der Zweck unserer Organisation soll es sein, neben Hebung des Radfahrsports uns in den Dienst der Agitation zu stellen und uns der Partei und der Arbeiterbewegung soviel als möglich nützlich zu machen."

Dieser Aufruf zur Gründung fand einen großen Widerhall und eine breite Zustimmung unter den Arbeiterradfahrern im damaligen Deutschland. Nicht nur in Berlin, wo sich auf Einladung des Vertrauensmannes der Berliner Arbeiterradfahrer am 6. August 1893 21 der 28 Anwesenden für die Gründung eines Bundes aussprachen. Aus dem ganzen Land gingen den Initiatoren Zustimmungen zu. Am 24. September 1893 erschien dann im „Vorwärts" ein Aufruf, der zur Bildung eines sozialdemokratischen Radfahrerbundes in Leipzig aufrief.

Aus 13 Ortschaften kamen 16 Delegierte, die dann am 1. Oktober 1893 den ersten proletarischen Radfahrerbund gründeten. Doch ehe die neue Organisation richtig ins Leben getreten war, wurde sie auch schon wieder verboten.

Am 22. Oktober 1893 teilte der „Vorwärts" mit, daß sich

der Verband erzwungenermaßen aufgelöst habe. Das Bekenntnis zur Politik der Sozialdemokratischen Partei neben der Proklamation zur Förderung des Radsports gab der sächsischen Polizei den willkommenen Anlaß, unter Berufung auf die Vereinsgesetze einen derartig ausgerichteten Bund zu verbieten und aufzulösen. Gerade in Preußen und Sachsen stützte man sich dabei auf die Bestimmungen der reaktionären Vereinsgesetze, die nach dem Scheitern der bürgerlichen Revolution von 1848 zur Niederhaltung fortschrittlicher Vereinigungen erlassen worden waren.

Zu politischen Vereinen konnten demnach jene erklärt werden, die eine Einwirkung auf „öffentliche Angelegenheiten" bezweckten. Damit wurden sie einschneidenden Überwachungs- und Einschränkungsmaßnahmen unterworfen. Man zwang die Arbeiterradfahrer, die Mitgliederlisten einzureichen, Versammlungen und Vorstandssitzungen anzumelden und genehmigen zu lassen, Jugendlichen unter 18 Jahren untersagten die Behörden sogar die Mitgliedschaft. Selbst mit dem Inkrafttreten des Reichsvereinsgesetzes vom 15. Mai 1908 änderte sich an diesen Praktiken wenig. Auch in der Weimarer Republik wurden die Arbeitersportvereine noch als „politische Vereine" im Sinne des Gesetzes eingestuft. Die Schikane der Obrigkeit konnte allerdings den Zusammenschluß nur aufhalten, aber nicht verhindern. Die Arbeiterradfahrer ließen sich nicht schrekken und änderten ihre Taktik.

Auf dem Kongreß am 13./14. Mai 1894 in Berlin beschlossen sie anstelle der angeblich ungesetzlichen Organisationsform eines geschlossenen Bundes die Gründung einer großen Organisationsform mit einem Vertrauensmännersystem. Schon auf dem Pfingstkongreß 1895 in Fürth, dem dritten der Arbeiterradfahrer, mußte man dann feststellen, daß die Organisationsform gänzlich ungeeignet war. Außer aus Fürth erschienen nur Delegierte aus fünf Orten.

Nach dreijährigen Bemühungen gelang der entscheidende Schritt am 24./25. Mai 1896 in Offenbach. Gleich mit seinem Namen bekannte sich der neugegründete Arbeiter-Rad- und Kraftfahrer-Bund „Solidarität" zu einem wichtigen Grundprinzip der Arbeiterklasse. Mit diesem Namen ging er in die Geschichte der deutschen Arbeiterbewegung ein. Um 1900 radelten schon 4000 Mitglieder unter dem proletarischen Banner.

Noch vor dem Ausbruch des ersten Weltkrieges überholte er mit seinen wachsenden Mitgliederzahlen in voller Fahrt die bürgerlichen Radvereine in Deutschland. Er war auf dem Weg zum größten Radsportverband der Welt.

Der große Zulauf hatte mehrere Gründe: Das Fahrrad avancierte um die Jahrhundertwende immer mehr zum Verkehrsmittel Nummer eins. Sehr häufig verwehrten bürgerliche Vereine sozialdemokratischen Arbeitern den Eintritt. Doch es war letztlich der klassenkämpferische Einsatz des Bundes, der die Ursache für sein explosionsartiges Anwachsen war. Hier fuhren die Arbeiter nicht nur gemeinsam Rad, hier fanden sie auch eine politische Heimat. Man beteiligte sich an den Demonstrationen zum Ersten Mai, an Parteikundgebungen, organisierte Schulungen und Agitationsabende und erledigte Melde- und Kurierdienste für die Partei, unter anderem bei der Landagitation, vor allem bei den Wahlkämpfen. Diese Aktivitäten brachten ihnen den Namen „Rote Husaren des Klassenkampfes“ ein.

Gerade wegen seines ständigen Anwachsens und seiner Ausstrahlungskraft schikanierten Polizei und Justiz den Bund. Besonders hart ging der sächsische Staat gegen den Bund vor. So beschloß man auf dem VIII. Bundestag, den Sitz von Chemnitz nach Offenbach in Hessen zu verlegen, wo es eine liberale Handhabung des Vereinsgesetzes gab. Offenbach blieb der ständige Sitz des Bundes bis 1933, bis zu seinem Verbot durch die Faschisten. Der Bund entwikkelte sich hier zu einer geschäftlich starken und einflußreichen Organisation. Es entstand eine bundeseigene Fahrradfabrik mit dem angeschlossenen Fahrradhaus „Frischauf“. Bereits Ende der neunziger Jahre existierte in Berlin eine proletarische Vereinigung zum Verkauf von Fahrrädern und Ersatzteilen. Kapitalistischer Gewinn sollte wie in den Konsumgenossenschaften im Interesse der Bundesmitglieder ausgeschaltet werden. 1914 gab es schon 28 eigene Filialen und ungefähr 60 Verkaufsstellen. Dazu gehörten auch eine eigene Sparkasse und eine eigene Zeitung: „Der

Gründungsveranstaltung des Arbeiterradfahrerbundes „Solidarität" in Offenbach am 24./25. Mai 1896. Obere Reihe: die Delegierten des Kongresses. Untere Reihe: Arbeiterradler aus Offenbach, die den Kongreß organisierten.

Arbeiter-Radsportler"; 1925 mit einer Auflagenhöhe von 215000 Exemplaren.

An erster Stelle des sportlichen Programms des Bundes standen Ausflugsfahrten, Wanderfahrten zur Erholung in der Natur. Aber auch mit Schmuckkorsos beteiligten sich die Mitglieder an Maidemonstrationen und anderen Höhepunkten. So trugen am Ersten Mai 1898 etwa 100 Arbeiterradfahrer an der Spitze des Hamburger Festzuges auf ihren Schultern ein Gerüst mit der Büste von Karl Marx und ein Transparent mit der Losung „Proletarier aller Länder, vereinigt euch!".

Neben dem Korsofahren förderte der Bund auch das Kunstrad- und Reigenfahren; dabei handelte es sich um eine besondere Form des Hallenradsports, die sich Mitte der achtziger Jahre entwickelte. Sie erlebte unter der Regie der Arbeiterradsportler eine bis dahin nie gekannte Blüte. Im Frühjahr 1922 begann das Fahrradhaus „Frischauf" auch mit der Produktion von Saalfahrrädern. Der Hallenradsport in seiner Form des Kunst- und Reigenfahrens sowie des Radball- und Radpolospiels entwickelte sich Mitte der achtziger Jahre des vorigen Jahrhunderts. Die Ablösung des Hochrades durch das Niederrad führte zu einem Aufschwung im Kunst- und Reigenfahren. So gelten die Jahre zwischen 1895 und 1900 als die eigentlichen Geburtsjahre des Saalfahrens. Die Kunstradfahrer der Arbeiterklasse verschönerten mit ihren Darbietungen so manches Arbeiterfest. Dabei fuhren versierte Sportler bis zu 25 Übungen in 6 Minuten.

Seit 1921 wurden vom bürgerlichen Bund Deutscher Radfahrer deutsche Meisterschaften ausgetragen. Er gab auch 1924 einen „amtlichen Leitfaden für den Bundeskampfrichter“ heraus.

Über die Ortsgruppe Sulzbach des Arbeiter-Rad- und Kraftfahrer-Bundes „Solidarität“ im Saargebiet erfahren wir durch den Chronisten: „Am liebsten aber fuhren die Kunstradfahrer in der Festhalle, weil dort die große Saalfläche den verschiedenen Übungen auf Saalmaschinen und Einrädern den nötigen Platz bot.

Bei den Übungen wie natürlich auch bei den Vorführungen gab es außer den heute noch bekannten Kunstradfigu-

Bundeshaus des Arbeiter-Radfahrerbundes Solidarität
in Offenbach bei Frankfurt am Main

Wohnhäuser, Verwaltungsgebäude, Fahrrad-Fabrik und Fahrrad-Verkaufshaus Frischauf

Das Bundeshaus nebst Fahrradfabrik in Offenbach

Reichspräsidentenwahl in Deutschland 1932. Arbeiterradsportler vor ihrem Agitationslokal in Bremen.

ren auch Gymnastik auf Rädern, rhythmisches Fahren mit Keulen mit entsprechender Musikuntermalung und Radballspiele.

Für dieses schöne Ballspiel hatte der Sulzbacher Verein zwei Mannschaften (= 4 Fahrer). Die Sulzbacher Ortsgruppe hatte gegen Ende ihres Bestehens 5 bis 6 Saalmaschinen und 4 Einräder. Alle diese vereinseigenen Räder wurden 1935 (nach der Rückgliederung der Saar an das Deutsche Reich – M. P.) von den Nazis konfisziert." (Jüngst, S. 19–21)

Es sei hier noch ein politisches Ereignis erwähnt, bei dem sich die Roten Husaren ihres Namens besonders würdig erwiesen: die Niederschlagung des Kapp-Putsches im März 1920. Hier traten viele Mitglieder der „Solidarität" besonders aktiv auf und halfen, die Konterrevolution in die Knie zu zwingen.

In die Zeit der Weimarer Republik fällt auch die Umbenennung des Arbeiter-Rad- und Kraftfahrer-Bundes „Solidarität“ in Arbeiter-Kraftfahrerbund. Damit trug man der wachsenden Motorisierung auch unter den Arbeitern Rechnung, hatte doch vor allem hier das kleine und leichte Motorrad beziehungsweise das Fahrrad mit Hilfsmotor die Vorfahrt.

Auch im 1924 gegründeten Roten Frontkämpferbund formierten sich Fahrradgruppen. Sie bewährten sich bei der Landagitation, beim Zeitungsausfahren und bei einer Vielzahl politischer Veranstaltungen. Der RFB legte ausdrücklich Wert auf ein gutes Verhältnis zu den Arbeitersportverbänden. Er hielt seine Mitglieder dazu an, den Sportverbänden beizutreten, und unterstützte die Verbände bei der Anlage von Sportstätten und auf andere Weise. Die sportliche Betätigung der Roten Frontkämpfer war eine notwendige Ergänzung der körperlichen Wehrerziehung. Nach dem Verbot des RFB (1929) gingen vielerorts die Fahrradgruppen in die Internationale Arbeiterhilfe über und setzten hier ihre Tätigkeit fort.

Ende Mai 1933 geriet der Arbeiter-Kraftfahrerbund „Solidarität“ in das faschistische Mahlwerk. Die Nazis verfolgten auch die Arbeiterradfahrer als „Mitglieder einer marxistischen Organisation“. Viele Funktionäre und Mitglieder verschleppten die Faschisten in Gefängnisse und Konzentrationslager. Das Fahrradhaus „Frischauf“ und alle weiteren Immobilien besetzte und beschlagnahmte die SS. Rund 20000 Saalsporträder fielen den Faschisten in die Hände. Die Gestapo verteilte sie an Eisenbahn-, Post- und Polizeisportvereine, die schnell Radfahrabteilungen gründen mußten.

Unter den Bedingungen des Terrors setzten Mitglieder des Bundes ihre politische Arbeit fort, da es den Nazis nicht gelang, die Organisation restlos zu zerschlagen. Mit ihrer mutigen Tätigkeit reihten sie sich in den Widerstandskampf gegen Faschismus und Krieg ein. So gelang es einigen Ortsgruppen, ihre Sportgeräte zu verstecken. Andere konnten die Kontakte untereinander aufrechterhalten, und wieder andere waren zur Tarnung ihrer politischen Arbeit geschlossen in einem bürgerlichen Radsportverein untergetaucht.

Welche Auswirkungen das auf die Arbeiterradsportler hatte, darüber berichtet Franz Peplinski, Genosse, Arbeiterveteran in Neufahrland bei Potsdam in einem Brief an den Autor. Sein Schicksal steht stellvertretend für viele Kämpfer an der illegalen Front:

„Im Jahre 1927 war ich Mitglied des ASV (Arbeitersportverein – M. P.) ‚Freie Schwimmer Norden' und der Arbeiterradfahrer ‚Solidarität' Berlin-Wedding. Ab 1929 wurden wir dann ASV ‚Fichte'. Da die freie, allseitige Entwicklung der Persönlichkeit der Arbeiter im Kapitalismus nicht gesichert war, trieben wir Sport zur Gesunderhaltung und Stählung für den Klassenkampf. Die Arbeiterradfahrer betrieben auf Saalmaschinen Radballspiel und Kunstfahren, aber auf Tourenrädern auch Radwandern in die Umgebung von Berlin. Unserem Bedürfnis nach Radfernfahrten folgend, erwarben einige Sportgenossen, darunter auch ich, 1929 Rennräder. So fuhren wir zum Beispiel 1930 Pfingsten zum Reichsjugendtag des KJVD per Rad nach Leipzig. Das ermöglichte uns aber auch, wochentags, nach Feierabend so schnell an die Seen der Umgebung Berlins zu fahren und so den Schwimmsport regelmäßig zu betreiben. Im zweiten Halbjahr 1930 unternahm ich zusammen mit dem Sportgenossen Fritz Riedel zwei Wochen eine Deutschlandfahrt auf Tagesetappen von 100 bis 200 Kilometern, insgesamt etwa 2000 Kilometer. Im Jahre 1933 traten wir Sportgenossen in den Radfahrerverein ‚Werner', Berlin Neukölln, ein. Das erfolgte, um den Radsport auch im Kollektiv weiter betreiben zu können, aber auch, um diese legale Organisationsmöglichkeit für die illegale Arbeit zu nutzen. Ich erinnere mich an folgende Sportgenossen aus dem ASV ‚Fichte': Erwin Heuer, Berlin-Wedding, Putbuser Straße, die Brüder Karl und Hein Gardei, Grauenstraße, die Brüder Brehner, Brunnenstraße und Heinz Reimann, Reinickendorf. Erwin Heuer und Karl Gardei waren 1934 als Kurier im illegalen KJVD tätig.

Ich fuhr im Juni 1934 in zwei Tagen von Berlin über Chemnitz nach Prag zu einem Lehrgang in der Reichsparteischule Prag-Kralupy; im Frühjahr 1935 an einem Tag von Berlin nach Hamburg, 286 Kilometer, zu einem illegalen

Treff; im Sommer 1936 an einem Tag nach Saßnitz, um mich per Schiff nach Dänemark abzusetzen.

Im allgemeinen war ich durch das Rennrad für die illegale Arbeit sehr beweglich und konnte täglich mehrere Treffs wahrnehmen. Selten waren es weniger als 100 Kilometer Fahrstrecke. So erhielt ich zu meinem Decknamen ‚Walter' noch den Beinamen ‚der Flitzer'."

Franz Peplinski, heute stellvertretender Vorsitzender des Bezirkskomitees antifaschistischer Widerstandskämpfer Potsdam, war 1933 im Stahl- und Walzwerk Hennigsdorf als Zimmermann tätig und fuhr täglich mit dem Fahrrad zur Arbeit, das waren 20 Kilometer, denn bei einem Stundenlohn von 93 Pfennig zählte auch das Fahrgeld.

1947/48 war er dann Landrat im Kreis Osthavelland und 1949 bis 1952 Minister für Wirtschaft im Land Brandenburg, später Vorsitzender des Rates des Bezirks Potsdam.

Die Fahrt ins Massengrab

Sehr schnell erkannten Kriegstechniker und Ingenieure, aber vor allem die Militärs die Bedeutung des Fahrrades für den militärischen Einsatz. Speziell in der Infanterie erhoffte man sich erhebliche Vorteile im Melde- und Nachrichtenwesen. Bereits 1895 stellte Julius Burckart, Hauptmann und Batteriechef im Königlich-Bayrischen 3. Feldartillerie-Regiment fest:
„Die heutige ‚offizielle' Radfahrverwendung in den einzelnen Armeen erhebt sich nicht über das Stadium mehr oder minder primitiver Versuche. Es wird daher zu untersuchen sein, wo die Grenzen der militärischen Verwendbarkeit des Fahrrades liegen, inwieweit sich hierdurch die verschiedenen Gebiete der kriegerischen Tätigkeit erweitern und günstig beeinflussen lassen, was für Mittel zur Erreichung dieses Zweckes anzuwenden, welche Wege hierzu einzuschlagen und wie Versuche überhaupt anzulegen sind." (Salvisberg, S. 138)

Es muß um 1888 gewesen sein, als das erste Radfahrerkorps der Welt gegründet wurde. Wo? Natürlich in England, wo die Verbreitung des Fahrrades schon am weitesten vorangeschritten war. Anfänglich sollen es 121 Soldaten gewesen sein, die dem 26. Middlesex Cyclist Volunteer Rifle Corps angehörten. Doch schon zuvor hatte es den sporadischen Einsatz von Fahrrädern auf den Schlachtfeldern Europas gegeben. 1870/71 nutzten Militärs bereits Michaulinen für Kurierdienste. Doch blieben dies alles nur zeitweilige Lösungen und Versuche. Vor allem bei Manövern experimentierte man mit dem Einsatz der Zweiräder. Dies geschah in Italien (1874), in Österreich-Ungarn (1884) und Deutschland (1885). Auch in Japan, Holland und der Schweiz setzte man zu dieser Zeit auf das Fahrrad. 1890 war das Bicycle fester Bestandteil der britischen Armee, und 1891 führte die zaristische Armee Fahrräder für Offiziere ein, wobei diese sich ihre Räder selber kaufen mußten. Ab 1894 eroberte sich das Fahrrad in den meisten Armeen einen festen Platz. Das Sicherheits-Niederrad und die Verwendung des Pneumatikreifens ermöglichten einen Einsatz vor allem im Gelände. Besonders gründlich, weniger praktisch, aber dafür umso theoretischer ging man zu dieser Zeit in Deutschland vor: Am 20. Juli 1894 erschien die erste deutsche „Felddienst-Ordnung“ für Militärradfahrer und genau ein Jahr später, am 20. Mai 1895, die sogenannte „Fahrrad-Vorschrift“, die eine Beschreibung der Hauptteile des Armeefahrrades, dessen Behandlung, ferner Bestimmungen über Ausbildung, Bekleidung, Ausrüstung und Bewaffnung des Radfahrers enthielt.

1895 wurde in Frankreich ein einheitliches Armeefahrrad hergestellt. Hier führte man auch das erste zusammenklappbare, auf dem Rücken zu tragende Fahrrad in den Dienst ein. Man stritt sich damals sehr heftig um die Einsatzfähigkeit des Klapp- oder Faltfahrrades. Der schon genannte Hauptmann Burckart aus München kam zu der Überzeugung, daß die Verwendung von Klapprädern für militärische Zwecke nur ein Irrtum sein könnte. (Salvisberg, S. 150) Denn das Tragen sei der einzige Vorteil des Klapprades, und dieses sei eine Einbildung, denn man könne ja auch jedes andere Rad tragen. Er fordert ein Rad, das „höchste Solidität, Festigkeit und Einfachheit in allen Teilen, beste Pneumatikreifen, Höherstellung der Kurbel-

Das Klapprad für den Soldaten von der Firma ADLER

achse im Vergleich zur Hinterachse, keine blanken Teile" besitzt. (Salvisberg, S. 150/151)

Die höher gelegene Kurbelachse sei eine Bedingung für gute Geländefahrigkeit; denn die Militärradfahrer seien eine Elitetruppe der Zukunft, die nicht in großen Schlachten eingesetzt werden dürfe, ihre Tätigkeit sei der „kleine Krieg", denn sie werde die Bedeutung der Kavallerie erhöhen.

Dänisches Plakat für eine Friedensdemonstration mit dem Fahrrad

Das Klappfahrrad eroberte sich sehr schnell seinen Platz. 1897 lieferte die Firma Adler auch dem deutschen Heer Klappfahrräder. So begann die Geschichte des uns heute bekannten Klappfahrrades in ganz unfriedlichen Gefilden. In den Kriegen des ausgehenden vorigen und unseres Jahrhunderts blieb es letztlich egal, ob man auf einem Falt- oder Klapprad über die Schlachtfelder in den Tod rollte. Da war es fast ein hoffnungsloser Trost, daß es in der holländischen Armee auch in Manövern „erprobte" Verwundetentransporte auf Fahrrädern gab. Ob im Burenkrieg in Afrika oder im ersten Weltkrieg, das Fahrrad wurde zu einem militärischen Instrument umfunktioniert.

1944 landeten Radfahreinheiten der Alliierten in der Normandie. Zuvor waren finnische Militärradfahrer gegen die Sowjetunion gezogen, und mit der faschistischen Wehrmacht rollten Radfahreinheiten gegen Polen.

Heute gehören den Armeen in Finnland, der Schweiz und Schweden noch Radfahreinheiten an. Das Fahrrad insgesamt hat seine Bedeutung für das Militär verloren.

Andererseits steigen Atomkriegsgegner auch deshalb aufs Fahrrad, um bei Demonstrationen den friedlichen Weg in die Zukunft zu erzwingen.

Das Rennen um den Arbeitsplatz

Deutschland 1931 – irgendwo in Berlin: eine Straße mit einer Litfaßsäule, um die sich arbeitslose Arbeiter versammelt haben. Sie warten offensichtlich. Schließlich erscheint ein Verteiler des „Stellenanzeigerblattes“. Die Zeitungen weden ihm förmlich aus den Händen gerissen, die Angebote rasch überflogen, und schon schwingen sich die ersten Arbeitsuchenden auf ihre Fahrräder, um eventuell eine der ausgeschriebenen Stellen zu ergattern. Das Rennen um den Arbeitsplatz beginnt.

Der Zuschauer wird direkt in die Handlung hineingeführt. Die Geschichte, filmisch erzählt, ist die eines jungen Arbeiters, des Sohnes der Familie Bönicke in dem Film „Kuhle Wampe oder wem gehört die Welt?“, der das Problem der Arbeitslosigkeit Anfang der dreißiger Jahre in Deutschland und deren Auswirkungen auf die betroffenen Arbeiter behandelt. Ein Film der Prometheus-Film-Verleih und -Vertriebs G. m. b. H., deren erster Tonfilm dies war.

Die Produktion lag in den Händen eines Kollektivs, dem Bertolt Brecht, der Regisseur Slatan Dudow, der Schriftsteller Ernst Ottwalt und der Komponister Hanns Eisler ange-

Bildfolge aus dem Film „Kuhle Wampe". Sujet: Arbeitssuche

hörten. Neben solchen heute bekannten Schauspielern wie Hertha Thiele als Anni oder Ernst Busch als der klassenbewußte Arbeiter Fritz wirkten darüber hinaus nahezu 4000 Berliner Arbeitersportler, darunter eine Vielzahl Arbeiterradfahrer mit.

In dem Abschnitt „Arbeitsuche" mit ihren Fahrteinstellungen wird ein wesentlicher Spannungsbogen des Films gestaltet. Man sieht eine Gruppe von Arbeitsuchenden, die mit dem Fahrrad (das für die Arbeiter damals das wichtigste, weil schnellste und billigste Fortbewegungsmittel war) zu verschiedenen Betrieben fahren.

Fahrende Räder, man sieht die Pedale tretende Beine, sie werden immer heftiger getreten. Die Radfahrer halten auf einem Hinterhof. Neben dem Fenster steht ein Schild: „Arbeiter werden nicht eingestellt". Der junge Bönicke knüllt die Zeitung zusammen und wirft sie weg.

Bilder einer Wettfahrt? Ja, das war Konkurrenzkampf der Arbeitsuchenden untereinander. Anfang der dreißiger Jahre eine alltägliche Erscheinung. Die Zahl der Arbeitslosen stieg von 10 Prozent im Jahre 1928 auf fast 45 Prozent im Jahre 1932. Wer ein Fahrrad besaß, konnte sich glücklich schätzen, daß er im Wettlauf mit der Zeit um eine freie Stelle günstiger abschneiden konnte als ein Fußgänger. Mancher, der kein Fahrrad besaß, versuchte in höchster Not eins zu stehlen, um eventuell so aus der hoffnungslosen Lage herauszukommen.

Jahre später drehte in Italien de Sica den Film „Fahrraddiebe" (1948). Das Schicksal des Arbeiters Ricci und seiner Familie: die Arbeitslosigkeit. Doch da bekommt Ricci die Möglichkeit, als Plakatkleber zu arbeiten, allerdings unter der Voraussetzung, daß er ein Fahrrad besitzt. Er bringt die letzten Habseligkeiten der Familie, die Betten, ins Leihhaus und kauft sich für das Geld ein Fahrrad. Er kann die Arbeit antreten. Als er ein Hollywood-Plakat anklebt, wird ihm sein Fahrrad gestohlen. Vergeblich verfolgt er den Dieb. Die Polizei interessiert sich nicht für seinen Fall. Mit seinem Sohn zieht er durch die Stadt, jedes Fahrrad, das sie sehen, weckt Hoffnungen in ihnen. Da erblicken sie den Dieb ihres Fahrrades, verfolgen ihn mit Hilfe der Polizei bis nach Hause, doch was sie dort sehen, ist dasselbe wie bei ihnen: Elend, Armut, aber kein Fahrrad. In einer Seitenstraße stiehlt Ricci ein Fahrrad, er wird verfolgt und gestellt, er verliert das Fahrrad wieder, verhöhnt und bespuckt und aufs tiefste entwürdigt – als Fahrraddieb.

Obwohl für viele das Fahrrad eine teure Anschaffung war, gehörte es zu Beginn der zwanziger Jahre schon zum Alltag der Arbeiterklasse. Überall wurde geradelt. Morgens fuhr man zur Arbeit – falls man welche hatte –, tagsüber erledigte man Boten- und Geschäftsgänge, an Sonn- und Feiertagen ging es per Pedale ins Grüne.

Die Radfahrer organisierten ein gesellschaftlich aktives Vereinsleben, und die Industrie sorgte dafür, daß technische Neuerungen massenhaft auf den Markt kamen.

Motorisierte Zweiräder konnten das Fahrrad nicht verdrängen. Vielen Menschen fehlte das nötige Kleingeld für das Motorrad oder den Hilfsmotor. Allein in Deutschland gab es 1935 18 Millionen Fahrräder.

Geschichten des Alltags verbanden sich eng mit der Geschichte des Fahrrades. Sophie Liebknecht erinnerte sich: „Ich durfte damals jeden Morgen Zeitungen und zu Hause zubereitetes in eine Menage gepacktes Essen nach Moabit bringen. Zeitungen samt Menage wurden ans Rad geschnallt, und ich radelte von Steglitz los." (Glatzer, S. 263)

Wie in der Familie Liebknecht spielte das Fahrrad in der Arbeiterbewegung eine wichtige Rolle, obwohl es nie das Auto des kleinen Mannes war, wie bürgerliche Schreiber euphorisch behaupten.

Der sozialdemokratische Journalist Otto Leichter berichtete 1934 im Schweizer Exil über die Ereignisse im Februar 1934 in Österreich: „In ihren Quartieren saßen sie und lauerten auf die befreiende Parole zum Generalstreik ... Die Radfahrer und Motorradfahrer hockten auf ihren Rädern – jeden Augenblick konnte der Befehl kommen. Jetzt heißt es losfahren in den kalten Vorfrühling hinein, um die Genossen in dem entlegensten Gebirgstal zu verständigen." (Garscha, Hauptmann, S. 54)

Jahre später brachte die Schriftstellerin Ruth Werner ihre Erinnerungen über diese Zeit unter dem Thema „Gedanken auf dem Fahrrad" zu Papier: „Das Rad meines ältesten Bruders war zu groß für mich, aber ich lernte darauf fahren. Ich schwang meine achtjährigen Beine mit Mühe über die Mittelstange und fuhr, da der Sattel unerreichbar war, mit den Füßen auf den Pedalen stehend, die ersten atemberaubenden Meter allein.

Mit vierzehn Jahren besaß ich selbst ein Rad. Ich liebte die Bewegung, den Duft der Linden im vorbeisausenden Wind, die Kälte eines Wintertages bei schneller Fahrt.

Als ich 1924 in den Kommunistischen Jugendverband eintrat, wurden auch das Rad und sein Tempo politisch. Wenn ich von den Sitzungen in der Kneipe nach Hause radelte, standen am dunklen Park die Gymnasiasten mit ihren Rädern und nahmen unter Schimpfworten die Verfolgung auf: damals noch nicht, um tätlich zu werden, sondern nur, um zu erschrecken und zu bedrohen. Wenn die Haustür gegen die späte Heimkehr der noch jungen Tochter verschlossen war, so stand mein Bruder Jürgen bereit, um das Rad über die Mauer zu heben und mir beim Einstieg durchs Fenster zu helfen." (Werner, S. 155)

Elite Diamant – volkseigen

Nach der Zerschlagung des Faschismus, mit der Befreiung und dem Sieg der Roten Armee und der alliierten Streitkräfte über Hitlerdeutschland erlebte das Fahrrad einen zweiten Frühling.

Die überwiegende Mehrheit der öffentlichen Verkehrsmittel und der Wege war zerstört. Nur weniges blieb den Menschen. Stolz und glücklich fühlten sich jene, die noch ein Fahrrad besaßen. Der Bedarf an Fahrrädern wuchs sehr schnell, war es doch unter diesen Umständen das zuverlässigste und billigste individuelle Verkehrsmittel.

Auf Grund der großen Nachfrage nahm am 22. Mai 1945 in Chemnitz, (Karl-Marx-Stadt) Elite Diamant die Fahrradproduktion auf. Schon am Jahresende 1945 meldete das Werk der Landesregierung Sachsen die stattliche Zahl von 17095 produzierten Fahrrädern.

Die Werktätigen des VEB Elite Diamant blicken heute auf eine neunzigjährige Geschichte ihres Werkes zurück. 1894 nahm in der Nähe von Chemnitz, im Herzen der deutschen Textilindustrie, ein Werk in sein Sortiment, bestehend aus Schreibfedern und Platinen für Wirkmaschinen, Fahrräder auf. 1895 verließ das erste serienmäßig produzierte Fahrrad mit dem Namenszug DIAMANT die neu eingerichtete Fertigungsstrecke. Sehr schnell machten die Diamantwerker von sich reden. So erfanden die Techniker dort die Doppelrollenkette für den Fahrradantrieb, die heute übliche Fahrradkette.

Mit der Entwicklung des Glockenformgetriebes, so benannt nach der äußeren Form der Abdeckschalen des Tretlagers, schrieben sie ein weiteres Stück Geschichte der Fahrradkonstruktion. Den Glockenantrieb baut man heute vorwiegend in Tourenräder ein.

1903 entstand hier das erste Diamant-Fahrrad mit Motor. Um 1910 wurde der Diamant-Rennstall gegründet. Die Diamant-Rennfahrer erfuhren so manchen Sieg und machten das Firmenzeichen immer bekannter. Den Namen „Diamant" ließen sich die Eigentümer schon 1895 in allen Schriftformen gesetzlich schützen, und 1958 ließ sich der VEB Elite Diamant eine Form des Schriftzuges gesetzlich schützen, heute ein weltbekanntes Firmenzeichen für made in GDR.

Die bekannten Diamant-Farben Orange-Blau wurden 1920 eingeführt. Motorräder und Autos gehörten in den zwanziger und dreißiger Jahren zu den Erzeugnissen von Diamant.

Die Entwicklung der Gangschaltung hatte man hier etwas verschlafen, aber dafür brachte man Diamant-Fahrräder für das Reigen- und Kunstradfahren sowie für den Radball auf den Markt. 1946 wurde Elite Diamant ein SAG-Betrieb. Mit Hilfe sowjetischer Freunde und Genossen entwickelte sich nach 1946 eine neue und leistungsfähige Fahrradproduktion.

Über den Anfang im Sommer 1945 schrieb Manfred Brettschneider in der Betriebszeitung: „Von einer planmäßigen Fahrradproduktion konnte in den ersten Tagen und Wochen nach dem Wiederbeginn keine Rede sein. Es galt, Luftschutzeinrichtungen, die die Arbeit behinderten, abzubauen, Fertig- und Halbfertigfabrikate der Rüstungsproduktion des Krieges zu verschrotten, im Krieg verlagerte Arbeitsmittel zurückzuführen sowie Maschinen und Anlagen, Vorrichtungen und Prüfmittel auf die Friedensproduktion umzustellen. Mit dem größten Teil der noch vorhandenen Materialien und mit zusammengeholten Zubehörteilen begann die Fahrradproduktion. Die Fahrradbauer montierten alle Typen und Modelle, einfach alles, was sich komplettieren ließ." (Brettschneider, Nr. 10, 1985, S. 6)

Zunächst wurden Einheitsfahrräder produziert. 1947 entwickelten die Konstrukteure ein Damen- und ein Herrenfahrrad. Aber auch Rennfahrräder entstanden, sowohl für die Straße wie für die Bahn. Ab Januar 1950 begann die Fahrradmontage am Fließband und danach auch die Laufradmontage. Am 1. März 1952 wurde der SAG-Betrieb in Volkseigentum überführt: VEB Elite Diamant. Im Frühjahr 1954 entstanden die ersten Sportfahrräder.

Die DDR-Rundfahrt der Radrennfahrer im selben Jahr bestritten alle Aktiven auf den ersten 147 Diamant-Straßenrennrädern mit Achtgangschaltung, die man aus der laufenden Produktion hergestellt hatte. Im Juni 1954 holten sich die Sportler die Fahrräder persönlich im Werk ab. Damit entwickelte sich ein enger Kontakt zwischen Sportlern und den Werktätigen des Betriebes.

Auch die DDR-Friedensfahrtmannschaft startete im Mai 1955 auf Diamant-Straßenrennrädern. Mit dem gleichen Modell fuhr Täve Schur (Gustav-Adolf Schur) die Weltmeisterschaft der Amateure in Rom. Täve und der Chefmechaniker Erich Winkler waren gern gesehene Gäste und fachkundige Berater der Fahrradbauer in Karl-Marx-Stadt. Von nun an rüsteten die Diamant-Werker für einige Jahre die Friedensfahrer mit Rennmaschinen aus, während diese heute auf italienischen Calnago-Fahrrädern ihre Rennen bestreiten. Für die Radwanderer entwickelte der Betrieb 1958 ein Wandersportfahrrad, das aber nicht in die Serienproduktion ging. Nur 25 Stück Nullserien-Fahrräder schlossen 1959 das Entwicklungsthema ab. Das öffentliche Interesse hatte sich Ende der fünfziger Jahre geändert: man wünschte sich lieber statt der zwei Räder vier Räder mit dem Namen „Trabant".

Mitte der sechziger Jahre wurde dann die Sportfahrräderproduktion zum VEB Mifa Sangerhausen verlagert. Nur noch sportliche Touren- und Rennfahrräder entstanden im VEB Diamant. Dem lag die Entscheidung zugrunde, dort die Flachstrickmaschinenproduktion zu steigern.

Ab 1973 sollte dann bei Diamant die Fahrradproduktion ganz eingestellt werden. Doch der Bedarf stieg inzwischen wieder, und VEB Mifa Sangerhausen wäre allein nicht in der Lage gewesen, ihn abzudecken. Damit begann ein neues Leben im Fahrradbau bei Elite Diamant: durch die Produktion des Konsumgutes Massenfahrrad fand man wieder Anschluß auf dem Weltmarkt. Ende September 1974 rollte das 7000000., am 8. Mai 1980 schon das 8000000. Fahrrad vom Montageband. Neben den Diamantwerkern sind auch die Mifawerker in Sangerhausen schon lange Radmillionäre. Im Jahre 1984 verließ das 10000000. Fahrrad seit der Betriebsgründung im Jahre 1907 das Mifawerk. Das jüngste Kind der volkseigenen Fahrradproduktion der DDR ist ein Touren-Tandem mit kombiniertem Herren-Damen-Rahmen. Es wird seit 1985 im VEB Baumechanik Schwerin serienmäßig hergestellt und ist eine Gemeinschaftsentwicklung mit dem Mifawerk.

Im Zeichen der Windrose

Ein Polizeipräsidium ... das ist ein muffiger Kasten mit langen Korridoren, mit unzähligen vielen Türen, und alle Zimmer sind schlecht gelüftet, die Leute sind unfreundlich, und man ist froh, wenn man wieder draußen ist. Ausnahmen gibt es vielleicht.

Eine Ausnahme gibt es sicher: das ist das Polizeipräsidium in Kopenhagen.

Ein bezauberndes Stück Architektur. Ein Riesengebäude, das zwölfeinhalb Millionen Kronen gekostet hat; sauber, sachlich, einfach und praktisch. Es hat einen kreisrunden Hof, der zum Schönsten gehört, was man sich denken kann. Wenn, wie man mir erzählt hat, der Geist der Verwaltung ebenso ist wie diese Architektur ... glückliches Dänemark!

Und in diesem Polizeipräsidium haben sie unten im Erdgeschoß die verlorenen Fahrräder eingesperrt. Da hängen sie, Kopenhagen, wie nämlich bekannt ist, ist die Stadt der Fahrräder; es soll Kopenhagener geben, die keins besitzen, aber das glaube ich nicht. Wenn Kinder anderswo zur Welt kommen, schreien sie – in Kopenhagen klingeln sie auf einer Fahrradklingel. So viele Fahrräder gibt es da.

Im Polizeipräsidium hängen 1372 Fahrräder, alle mit dem Kopf nach unten, wenn das gesund ist! Alte und junge, fröhliche und traurige, auch die Kinderabteilung: da hängt ein kleiner Roller, mit dem die Kinder spielen, und drei Motorräder sind auch da. Alles das wird monatlich verauktioniert.

Ja, holen sich denn die Leute ihre Räder nicht ab? – Nein, sagte der dicke Mann im Präsidium, viele nicht. Sie kaufen sich einfach ein neues. Ein Fahrrad, was ist denn das! In Kopenhagen scheint es den Wert eines Zahnstochers zu haben. Die langen Räume des Präsidiums, in denen die Fahrräder hängen, erinnern an einen Hundezwinger. Verlaufene Räder … ich rühre eines an, leise dreht sich das Vorderrad … wem gehörst du? Schade, daß Fahrräder nicht mit dem Schwanz wedeln können. So ein Rad bringt nachher auf der Auktion auch nicht viel ein. Zwanzig Kronen etwa. Dafür kann man es schon wieder verlieren. Wenn man es aber nicht verliert, dann fährt man damit, und in Kopenhagen kann man sich für sein Fahrrad Luft kaufen.

Wie bitte? Luft kaufen? Ganz richtig! Der Fahrradmann geht an eine automatische Luftpumpe, wirft fünf Öre hinein und pumpt sein Rad voll. Das trinkt und rollt dann vergnügt weiter. So ein Land ist das. Da hängen sie. Alle an langen Gestellen, und sie sind doch so verschieden voneinander. Manche sehen zornig aus, manche heiter, manche schlafen. Man müßte Andersen bitten, hier einen Nachmittag lang herumzugehen – was gäbe das für ein hübsches Märchen!

Ob Fahrräder lebendige Junge bekommen?

Da hängen sie. Sauber und freundlich ist es, praktisch und vernünftig eingerichtet. Schade, daß in den Staaten der Welt nicht alles so gut funktioniert wie die Fundbüros. Es wäre eine Freude, zu leben.

Hundert Meter weiter, im selben Haus, werden Menschen aufgebahrt; Untersuchungsgefangene. Und das sieht dann gleich ganz anders aus. Mit 1372 Fahrrädern ist eben leichter fertig zu werden als mit vier lebendigen Menschen. … Ja, Kopenhagen … Ob Fahrräder schwimmen

1985 entwickelte der VEB Baumechanik Schwerin gemeinsam mit dem VEB MIFA Sangerhausen ein Tandem. Die Produktion ist angelaufen.

können? Es wäre ja denkbar, daß die 1372 eines Nachts ausbrächen, dann rollen sie mutterseelenallein durch die Stadt, an den Hafen, stürzen sich in das Wasser, durchschwimmen die See, von der ich nie lernen werde, wie sie heißt! Kattegat oder Großer Belt, oder Kleiner Belt, und dann fahren sie dahin, nach dem Festland, wo sie gleich in eine politische Partei eingereiht werden. Am nächsten Morgen kommt der dicke Mann in den Fahrradzwinger, findet ihn leer und kratzt sich hinter den Ohren. Am Abend sind alle Fahrräder wieder da: es hat ihnen drüben nicht gefallen. Das kann man keinem verdenken. Grüß Gott, Kopenhagen ...!“ (Tucholsky, S. 453–455)

Das Fahrrad in der Welt von heute, das sind nach vorsichtigen Schätzungen 800 Millionen Fahrräder. Jährlich kommen etwa 40 Millionen hinzu. So sind beispielsweise in der fast 200000 Einwohner zählenden Schweizer Großstadt Basel mehr als 60000 Fahrräder registriert, davon gehören 65 der Polizei als Dienstfahrräder. In Magdeburg besitzt jeder zweite Elbestädter ein Fahrrad. In Bombay versorgen Essenträger zu Fahrrad fast 600000 Werktätige mit einer warmen Mahlzeit. In Österreich gibt es auf 91 Bahnhöfen Fahrradausleihstationen, und 1984 zählte man dort nahezu 20000 Kunden. Japan ist heute größter Fahrradproduzent. Im Schatten der Mikroelektronik rollen auf den japanischen Inseln gegenwärtig 6 Millionen Fahrräder vom Band. Nahezu jeder zweite der 115 Millionen Japaner ist Besitzer eines muskelbetriebenen Untersatzes. Auch die Niederländer treten massenhaft mehr oder weniger heftig in die Pedale. In Nijmegen gibt es ein großes Fahrradmuseum mit wohl einmaligen Exponaten.

Im „Velorama" kann der Besucher mehr als 200 verschiedene Typen von „Drahteseln" aus der Geschichte besichtigen. In der nordwestbelgischen Stadt Brügge lassen die Stadtväter gegenwärtig die Fahrräder numerieren und in einer zentralen Datenkartei registrieren. Damit sollen Diebe abgeschreckt sowie gefundene Räder rascher identifiziert werden. Allein 1985 meldeten Bürger von Brügge 2224 Fahrräder als gestohlen, jetzt trägt jeder Drahtesel einen Aufkleber mit der Warnung „Hände weg – registriertes Fahrrad".

Besondere Bedeutung hat das Fahrrad in Vietnam. Es wurde zu einem unentbehrlichen Hilfsmittel der Volksbefreiungsarmee, und das nicht nur in der Schlacht in Diênbiên-phu, wo der berühmte General Giap unter anderem 20000 Fahrräder eroberte. Vor allem über den Ho-Chi-Minh-Pfad wurden mit diesen Fahrrädern Lasten bis zu 300 Kilogramm je Fahrrad transportiert und so der Nachschub für die Befreiungsarmee gesichert.

Auch aus dem heutigen Vietnam sind die Fahrräder nicht mehr wegzudenken. „Allgegenwärtig ist das Fahrrad, die Schnappschüsse, die man gemacht hat: eine Braut im wehenden Schleier quer auf dem Rücksitz, zwei uniformierte Ordnungshüter auf einem winzigen Moped, die langen Kerls mit ihren Zyklos (Fahrradrikschas) und bis zu fünf, sechs Passagieren, das Fahrrad selbst am Beichtstuhl in der hundertjährigen Stadtkriche Santa Maria Immaculta ..." (Michel, S. 786)

Taxifahrer in Hanoi

Ein traditionelles „Fahrradland" ist auch die Volksrepublik China. Auf Haupt- und Nebenstraßen, auf Feldwegen und einsamen Pfaden, überall fährt man Rad. Es wimmelt geradezu von stets im gleichen Tempo Dahinrollenden. Der Radfahrer beherrscht die Straßen, und das nicht nur in der Haupt- und Großstadt Peking, sondern auch im ganzen Lande. Jeder dritte Chinese besitzt heute ein Fahrrad, in Peking sind das mehr als 3 Millionen. Das Mindestalter für die Benutzung ist das 15. Lebensjahr. Der Bewerber muß zur Erlangung der Fahrgenehmigung vor einer Kommission eine Prüfung ablegen. Anschließend erhält er eine Zulassungsnummer, die er gut sichtbar am Fahrrad anbringen muß. Jährlich ist eine Qualitätskontrolle vorgeschrieben. Die chinesischen Betriebe zahlen ihren radelnden Werktätigen einen monatlichen Fahrzuschuß von 2 Yuan.

Auch in der Familienplanung hat das Fahrrad seinen Platz. Drei Dinge, so erzählt man sich, erwartet die Braut zur Hochzeit von ihrem zukünftigen Ehemann: eine Nähmaschine, einen Kühlschrank – und ein Fahrrad.

Wird man als Chinese auf dem Fahrrad geboren? Angesichts des Verkehrsaufkommens in den Millionenstädten müßte man das fast annehmen. Wenn in den Hauptverkehrszeiten die Radfahrer oft in Zehnerreihen nebeneinander auf den Radfahrwegen der breiten Magistralen oder in fast hautnahem Kontakt mit den Bussen, LKWs und Dienstwagen in den engen Nebenstraßen den Verkehr beherrschen, dann versteht man, daß von den 9,2 Millionen Einwohnern Pekings täglich über drei Millionen das Fahrrad benutzen.

Da es in China noch wenige Privatautos gibt, ist das Fahrrad für die Masse der Bevölkerung nach wie vor unentbehrliches Verkehrs- und Transportmittel. Um dem starken Rad-Verkehrsaufkommen gerecht zu werden, ist auf den meisten Straßen ein ungefähr 4 Meter breiter Radweg angelegt. Doch gibt es auch Straßen mit Fahrradverbot. Zahlreiche Parkplätze stehen dem Radler zur Verfügung. Die Parkgebühr beträgt umgerechnet rund 2 Pfennig. Bei Regen oder bei der Versprühung von Ungeziefer-Vernichtungsmitteln wird durch die Parkplatzwächter schützend eine Plane über die Räder gedeckt.

Der DDR-Journalist Gerhard Ebert berichtet aus China: „Auffallend in Peking sind die breiten schnurgeraden Magistralen mit je zwei Fahrbahnen auf beiden Seiten. Eine für Autos, eine für Fahrräder. Dort, wo keine Barrieren abgrenzen, radeln die selbstbewußten Radfahrer immer wieder in die Spur der Autos. Und die Kraftfahrer haben eine Engelsgeduld. Sie hupen zwar fortwährend martialisch, bremsen aber und halten an, wenn ihnen Radler in die Quere kommen, die majestätisch zu acht oder zehnt nebeneinander fahren. In den Spitzenzeiten ergibt das endlose Schlangen. Beim Linksabbiegen fahren die Autos einfach langsam in die entgegenkommende Schlange hinein. Die zerteilt sich und schließt das Auto, zieht haarscharf daran vorbei, formiert sich wieder. Nichts passiert. Verkehrsposten stehen dazwischen, winken zuweilen. Sie scheinen machtlos. In Shanghai übrigens hält man bei Rot strikt an, in Peking scheint es jeder individuell auszulegen. Busse, PKW, Lastwagen, Jeeps, Karren, Fahrräder, zuweilen ein Moped da-

Ein Fahrradparkplatz in Peking. In der Stadt gibt es 3,2 Millionen Fahrräder.

zwischen. Die Chinesen wehren sich gegen eine ‚Mopedisierung'. Radfahren ist gesünder, erklären sie, auch für die Umwelt. Jede Familie hat wenigstens zwei Fahrräder. Jedes Fahrrad hat seine Nummer, aber keine Lampe. Vor den Kaufhallen und -läden parken Tausende Fahrräder. Für sie ist gerade noch Platz. Die zahlreichen Busse sind in der Regel voll besetzt. Und die U-Bahn, als wir mit ihr an einem Nachmittag fuhren, war es auch." (Ebert, S. 10)

Auch die Sowjetbürger sind fleißige Radfahrer. Hier fuhren um die Jahrhundertwende die ersten Fahrräder. Die erste Fabrik wurde mit drei Arbeitern 1895 in Moskau gegründet. 1903 waren es schon 103, und man produzierte bereits 5000 Fahrräder im Jahr. Informieren über die Geschichte des Fahrrades in Rußland und in der Sowjetunion kann sich der Moskau-Besucher im Polytechnischen Museum Moskaus. Ein historisch ungeklärtes Phänomen ist das Artomonow-Rad, für das in der sowjetischen Literatur das Baujahr 1810 angegeben wird. Es wäre damit das erste Fahrrad der Welt. Eindeutige Aussagen stehen dazu noch aus. Doch seine Konstruktion erinnert zu sehr an ein im Jahre 1868 im Zarenreich umgebautes Ganzmetallrad von Michaux.

Historisch eindeutig nachweisbar ist die Geschichte des Fahrrades von Gleb Trawin aus dem tausendjährigen Pskow. Es steht im Gebietsmuseum. Gleb Trawin hat mit ihm 85000 Kilometer zurückgelegt. Gleb bekam das Fahrrad als Auszeichnung bei seiner Demobilisierung als Revolutionsteilnehmer nach dem Bürgerkrieg. Daraufhin beschloß er, die Staatsgrenze der UdSSR in ihrer ganzen Länge abzufahren. Im Oktober 1928 war er gestartet, und nach fast drei Jahren, im Sommer 1931, erreichte er sein Ziel.

Im Museum von Pskow wird gemeinsam mit dem Fahrrad und der Ausrüstung von Gleb Trawin ein einzigartiges Dokument aufbewahrt: sein Reisepaß, der etwa 300 Stempel von den Ortschaften aufweist, durch die Trawins Fahrtour verlief. Nur 11400 Kilometer lang war die Fahrstrecke des neunundzwanzigjährigen Schlossers Viktor Sacharow, der von Magadan im Fernen Osten der UdSSR im Sommer 1985 via Taiga in 85 Tagen zu den XII. Weltfestspielen der Jugend und Studenten in die sowjetische Hauptstadt radelte.

Ganz in der Tradition des Trawin und Sacharow stehen die Bürger des litauischen Ortes Šiauliai, der als die ungekrönte Metropole des Fahrrades in der UdSSR gilt. Daran mag das Fahrradwerk „Vairas“ schuld sein oder der Bürgermeister, selber leidenschaftlicher Radfahrer, der es durchgesetzt hat, daß keine Straße ohne Radweg gebaut wird und alljährlich die Stadt den „Tag des Fahrrades“ feiert.

Im Mai 1985 wurde in dieser Velometropole das erste Fahrradmuseum der Sowjetunion eröffnet. Im Zentrum der Stadt haben Anhänger des Radsports und Freizeitradler in einem dreistöckigen Gebäude eine Sammlung von Exponaten mit höchstem Seltenheitswert zusammengetragen. Hier gibt es alte chinesische und japanische Steuerkopfschilder und Markenzeichen von Fahrrädern sowie Ausstellungsstücke, die über die Geschichte dieses Verkehrsmittels berichten. Natürlich sind auch die Fahrräder selbst vertreten – von den Holzdraisinen zu Beginn des 19. Jahrhunderts über verschiedene nachfolgende Modifikationen, Militärräder aus den Jahren 1905 bis 1914 mit Klapprahmen, Ausführungen, bei denen die Kette durch Kardanübertragung ersetzt ist, mit Gangschaltung, bis zu den modernsten Touren- und Rennrädern einheimischer und ausländischer Produktion.

Fahren ohne Auspuff

Im Straßenbild ist es nicht zu übersehen: Das Fahrrad erlebt seinen dritten Frühling. Das Hosenklammernsyndrom und ein gewisses Armeleuteimage der fünfziger Jahre, das dem Fahrrad noch lange Zeit anhaftete, scheint überwunden. Motorrad und Auto fuhren in den sechziger und siebziger Jahren dem Fahrrad auch in der DDR den Rang ab. Zu dieser Zeit fast aus dem Straßenbild unserer Städte verschwunden, sind sie heute wieder zu sehen – mutig probieren die Pedaleurs die Gleichberechtigung auch im Verkehr der Großstädte. In der DDR schwangen sich in den achtziger Jahren immer mehr Menschen in den harten Sattel. Gegenwärtig gibt es in unserem Land ungefähr 9 Millionen Fahrräder. Viele Menschen, vor allem Jugendliche, besinnen sich der Vorteile des Fahrrades, des einzigen Verkehrsmittels, das nicht die Umwelt belastet, Energie spart und dazu ein wirklich einfach zu handhabendes Freizeit- und Sportgerät ist. Das Fahrrad kann fast überall unter- und abgestellt werden. Es bedarf weder einer Garage noch eines Parkplatzes in den verstopften Innenstädten. Es ermöglicht einen Von-Haus-zu-Haus-Verkehr im eigentlichen Sinne des Wortes. Das Fahrrad ist das billigste Fahrzeug, und seine Benutzung in unserer bewegungsarmen Zeit ist eine Form der körperlichen Aktivität, die jedes Geschlecht in Form hält.

Doch nicht jeder stimmt dem zu. Gegenargumente werden ins Feld geführt, die zum Teil aus den Pioniertagen des Fahrrades stammen und als sogenannter Ärztestreit in die Veloannalen eingegangen sind. Pro und Kontra gab es zum Thema Radfahren.

„Solange das Urteil (der Ärzte) in suspenso bleibt, sollten die Eltern ihren Töchtern aus ethischen Rücksichten das Fahren nicht gestatten", beschied ein „anonymes" Pamphlet von einem „Arzt" seinen Leser. Auch der Arzt Robert Koch äußerte 1887 hygienische Bedenken gegen das Radfahren. Pfarrer Kneipp betonte, daß das Radfahren große Vorteile biete, da dadurch die Glieder in Bewegung kommen, je mehr der Körper angestrengt wird, und es damit zu einer Vermehrung der Kräfte kommen kann, wodurch ein Schwächling beispielsweise seine Kräfte vermehren könnte. Dem widersprach Rudolf Virchow, schon fünfundsiebzigjährig, mit der Sorge um die Unterleibsorgane bei der stark vorgebeugten Haltung des Radfahrers. Kneipp empfahl dagegen von Zeit zu Zeit einen Überguß oder eine Oberkörperwaschung. Aber auch das Rausdrücken der Brust und kräftiges Atmen sollte dem entgegenwirken. Dem pflichteten die aktiven Radfahrer bei. Doch um völlig sicherzugehen, gab man den fürsorglichen Rat:
„Fragt in den Radfahrangelegenheiten um ärztlichen Rat nur einen Arzt, der selbst Radfahrer ist." (Salvisberg, S. 157)

Wie sollte man nun radfahren? Mann und Frau natürlich unterschiedlich, denn beim „Damenradfahren bedarf es einiger Modifikationen der Regeln, die für das Herrenfahren maßgebend sind". (Salvisberg, S. 165)

„Es ist daher sowohl für den einzelnen Radsportjünger wie für die ganze Familie und den Staat von gleicher Wichtigkeit, den Radsport von denjenigen Untugenden zu säubern, die ihm durch seine Herkunft von der Rennbahn her leider häufig noch anhaften, sowie Grundsätze aufzustellen, durch deren Beobachtung der Radfahrsport nicht nur alle schädigenden Eigenschaften verliert, sondern sogar zu einer den Körper und Geist in gleicher Weise stählenden Gymnastik wird." (Salvisberg, S. 159)

Solche Untugenden, die abgebaut werden sollten, waren das „ungerade Sitzen", der „unpraktische Rennsattel", eine falsche Stellung und sein falscher Sitz. Dafür sollte richtig geatmet und die zweckmäßige Kleidung getragen werden. So wurden Vorschläge gemacht, daß es auf eine aufrechte Haltung ankomme, einen schnabelförmigen Sattelfortsatz und das Herrenrad für die Damen schon deshalb nicht geeignet sei, weil hier das Auf- und Absitzen von hinten erfolge. Damen sollten nur das sogenannte Damenrad besteigen.

„Unter Befolgung obiger hygienischer Grundsätze stellt der Radsport für den Gesunden jedes Alters und jeden Geschlechts eine für Körper und Geist gleich heilsame Gymnastik dar, welcher wir keine andere Art von Gymnastik gleichwertig an die Seite stellen können. Ihre allgemeine Einführung in die medico-mechanischen Heilmethoden ist nur eine Frage der Zeit." (Salvisberg, S. 170)

Heute wissen wir, daß das Radfahren weder gesundheitsschädlich ist, noch daß sich dadurch irgendwelche Nachwirkungen auf die Haltung ergeben. Für das Fahrradfahren braucht man weder eine Turnhalle noch einen Sportplatz. Älterwerden hält keineswegs vom Radfahren ab. Und in der Form des Hometrainers hat das Fahrrad auch seinen Einzug in die Wohnzimmer gehalten. Die gesundheitlichen Wohltaten täglichen Fahrradfahrens sind die eines milden Ausdauertrainings. Fahrten von 40 Kilometern entsprechen einem Marathonjogging. Ein japanischer Mediziner stellte kürzlich sogar fest, daß Männer, die regelmäßig radfahren, bessere Liebhaber sind als Fußgänger. Das ergaben langwierige Testreihen. Radfahren ist tatsächlich gesund. Mediziner haben festgestellt, daß Radfahrer weniger unter Bluthochdruck leiden und weniger Infektionen bekommen. Herzinfarkte und Schlaganfälle treten bei ihnen nachweislich weniger auf. Angeblich denken und schlafen sie auch besser und leben fünf Jahre länger. Radfahren ist der ideale Sport für Herz und Kreislauf. Nebenbei werden die Bein- und Rückenmuskeln gekräftigt. Der Gleichgewichtssinn stabilisiert sich, und die Lunge wird mit ausreichend Sauerstoff versorgt. So bleibt mit Kneipp zu sagen: „Probieren kann man ja, und ich versichere euch hoch und teuer, wenn ihr das tut, dürft ihr nicht fürchten, daß es euch schadet."

Die übrigen Argumente der Fahrradgegner sind zumeist Plädoyers für die Bequemlichkeit: Fahrradfahren ist unbequem, weil man witterungsabhängig ist und sich die Kleidung beschmutzen kann. Fahrradfahren ist langsamer als das Autofahren.

Personen, abgesehen von Kleinkindern, können nicht mitgenommen werden. Die Benutzung des Fahrrades ist mit körperlichen Anstrengungen verbunden, vor allem in bergiger Landschaft. Das Prestige eines Fahrradfahrers ist geringer als das eines Autofahrers. Fahrradfahren ist gefährlich.

Es ist ernsthaft zu überdenken, ob man die Tatsache, sich beim Fahrradfahren anstrengen zu müssen, heute noch als Nachteil ansehen sollte. Andererseits darf keiner erwarten, daß er beim gemütlichen Radeln über 3 oder 5 Kilometer sein Übergewicht verliert. Dazu müßte er öfter 20 bis 30 Kilometer im scharfen Tempo fahren. Trotzdem ist geruhsames Fahrradfahren gesünder als Sitzen im Auto. Die Witterungsabhängigkeit des Radfahrens ist in der Tat ein Nachteil, der nicht beseitigt werden kann. Nur, das Wetter, das dem Radfahrer das Leben schwer macht (vor allem Regen und Wind) herrscht weitaus seltener, als allgemein angenommen wird. Und was die Kleidung anbelangt, so bevorzugen heute ohnehin viele Menschen das Legere, das zweifellos auch fahrradfreundlich ist. Sollte da die Verschmutzungsgefahr tatsächlich so ein wichtiger Einwand sein?

Das Argument, andere Personen auf dem Fahrrad nicht mitnehmen zu können, wird durch die Praxis widerlegt: Auch Autos werden beispielsweise im Berufsverkehr vorwiegend von nur einer Person benutzt. Wenn mehrere Personen gemeinsam fahren wollen, dann kann ja das Auto genommen werden.

Die geringe öffentliche Wertschätzung der Fahrradbenutzer (im Vergleich zum Auto) scheint eins der größten Hindernisse für die weitere Verbreitung des Fahrrades im Alltag zu sein. Dieses Problem hat zumindest zwei Seiten. Zum einen spielt das Fahrrad im Denken der Verkehrsplaner und Städtebauer eine zu geringe Rolle, wird es doch oft nicht oder nur ungenügend berücksichtigt. Zum anderen scheinen nicht wenige Menschen zu glauben, mit dem Auto die höchste Stufe der Fortbewegung erklommen zu haben. Von ihnen werden dann Fahrradfahrer nicht selten mitleidig belächelt. So betrachten die Kraftfahrer die Radfahrer oftmals als Störenfriede, als unliebsame Hindernisse für ein zügiges Fahren.

Die Entfernung von den Wohnorten zu den Arbeitsplätzen wird immer größer. Im innerstädtischen Nahverkehr, wo gut die Hälfte aller Wege, die man zu erledigen hat, im Dreikilometerbereich liegen, verhindert die häufig einseitig am Auto orientierte Verkehrsplanung ein ungefährdetes und lustbetontes Radeln. Viele potentielle, aber auch aktive Radfahrer lassen aus Angst vor dem motorisierten Verkehr ihren Drahtesel dann doch im Stall. Dieser Zustand wird sich nur in dem Maße überwinden lassen, wie die Menschen spüren, daß auch an die Radfahrer gedacht wird, aber auch, wie man die Zweckmäßigkeit des Fahrrades begreift und erkennt, daß seine überlegte Nutzung keinen Persönlichkeitsverlust bewirkt.

Fahrradfahren ist nicht gefährlich. Den Fahrradfahrern geht es nur ähnlich den Motorrad- und Mopedfahrern: Wenn sie einen Fehler machen, sind die Folgen meist schwerwiegender als bei Autofahrern, beziehungsweise wenn andere Fehler machen, sind sie schnell die Leittragenden. Untersuchungen im internationalen Maßstab haben ergeben, daß Radfahrunfälle zum allergrößten Teil auf Fehler der Radfahrer selbst zurückzuführen sind.

Richard Dehmel dichtete ein Plädoyer für das Fahren ohne Auto:

„RADLERS SELIGKEIT

Herrgott, wie groß ist die Natur!
Noch 17 Kilometer nur.
Ich radle, radle, radle.

Wie herrlich lang war die Chaussee!
Jetzt kommt das achte Feld voll Klee.
Ich radle, radle, radle.

Wer niemals fühlte per Pedal,
Dem ist die Welt ein Jammertal.
Ich radle, radle, radle.

Einst suchte man im Pilgerkleid
Den Weg zur ewigen Seligkeit.
Ich radle, radle, radle.

So kann man einfach an den Zeh'n
Den Fortschritt des Jahrhunderts sehn.
Ich radle, radle, radle.

Noch Joethe machte das zu Fuß.
Und Schiller ritt den Pegasus.
Ick radle."

(Deinmann, S. 51)

Treten durch die Freiheit

Wie ein roter Faden durchzieht es die Fahrradgeschichte: das Radwandern. Einst mit dem alten Drahtesel, heute mit dem modernen Touren- oder Sportrad. Tagesausflüge oder auch mehrtägige Touren bilden einen Ausgleich zum Alltagsstreß und die Möglichkeit, sich durch Bewegung fit zu halten und gesund zu bleiben.

Ob man lediglich abends ein paar Runden um den Häuserblock fährt oder sportlich anspruchsvolle Wanderungen über 100 Kilometer absolviert, darüber entscheiden die körperliche Kondition und der Spaß an der Sache. Voraussetzung sind die richtige Vorbereitung und eine minimale Kenntnis der Technik des Fahrrades.

Für jeden Typ den richtigen Tip

Das kleinste Fahrrad der Welt ist rund 14 Zentimeter groß. Das längste Fahrrad, das bisher gebaut wurde, ist 40,8 Meter lang und wurde in den Niederlanden für eine Unterhaltungssendung des Fernsehens hergestellt. Auf ihm fanden 39 Personen Platz. In Wyhausen bei Wolfsburg (BRD) bauten 1984 Enthusiasten ein 2,10 Meter langes und 4,40 Meter hohes Fahrrad, welches das wohl zur Zeit größte Fahrrad der Welt ist.

Ob groß oder klein, vor dem Kauf eines Fahrrades sollte man sich genau über die im Handel angebotenen Typen orientieren, denn nicht jedes Fahrrad ist für jeden geeignet. Da gibt es Kinderfahrräder, Jugendfahrräder, Tourenfahrräder, Sportfahrräder, Straßen-Rennsportfahrräder, Rennfahrräder, Klappfahrräder, Tandemfahrräder und Spezialfahrräder.

Wer auswählt, sollte vorher folgendes beachten: Welchen Zweck soll das Fahrrad erfüllen? Wird es nur einmal im Jahr zum Urlaub gebraucht, soll es als tägliches Verkehrsmittel zur Arbeit genutzt werden, dient es zum Einkaufen oder Radwandern? Diese Fragen sollte man sich vor dem

Kauf beantworten. Wünsche und Verwendungszweck entscheiden letztlich über das Geld, das ausgegeben werden muß.

Um zu einem perfekten Gespann Mensch-Maschine zu werden, braucht man natürlich Zeit, Erfahrung und Interesse an der Technik. Voraussetzung für ein angenehmes und bequemes Fahren sind die richtige Rahmenhöhe und eine bequeme Sitzposition. Die Rahmenhöhe ermittelt man von der Mitte des Tretlagergehäuses bis zur Oberkante des Sattelrohres. Um die richtige Rahmenhöhe herauszufinden, mißt man aufrecht stehend die Schrittlänge an der Innenseite der Beine von der Ferse bis zum Schritt und zieht davon 25 Zentimeter ab. Der gewählte Rahmen darf ruhig einige Zentimeter höher oder niedriger sein.

Die üblichen Rahmenhöhen sind:

Kinderfahrräder	360 mm
Jugendfahrräder	440 mm
Tourenfahrräder	560 mm
Sportfahrräder	560 mm
Straßenrennfahrräder	520 mm
	550 mm
	610 mm
Klappfahrräder	400 mm
Universalfahrräder	470 mm
Tourentandems	565 mm

Irrtümlicherweise wird häufig davon ausgegangen, daß die Radgröße der Maßstab sei, damit der richtige Typ an den richtigen Mann oder die Frau kommt. Natürlich sollte man beim Kauf auf den größtmöglichen Durchmesser der Laufräder achten, denn der Rollwiderstand sinkt mit zunehmender Größe der Reifen. Am geeignetsten sind für Erwachsene die handelsüblichen Felgen der Größen 622 Millimeter gleich 28 Zoll.

Nicht allein die Beinlänge entscheidet über die Größe des Fahrrades. Von Natur aus gibt es Menschen mit kurzem Oberkörper oder kurzen Armen. Bei Fahrrädern mit Oberrohr (Herrenfahrrad) sollte man auf jeden Fall, wenn man von den Pedalen steigt, bequem stehen können. Die richtige Sitzposition hängt von der Sattelhöhe ab. Richtig ist sie, wenn bei normaler Sitzposition mit ausgestreckten Beinen die Ferse das nach unten getretene Pedal erreicht.

Die meisten Sättel lassen sich am Sattelboden nicht nur nach vorn oder hinten neigen, sondern auch nach vorn oder hinten verschieben. Richtig eingestellt ist er, wenn man auf ihm sitzt, die Fußballen auf die Pedale stellt und die Kurbel etwa 45 Grad nach oben weist und sich das Knie dabei lotrecht über der Pedalachse befindet.

Der Lenker hat zwei wichtige Funktionen, er dient zum Steuern und nimmt gleichzeitig einen Teil des Körpergewichts auf. Die Lenkerbreite ist richtig, wenn sie etwa die Schulterbreite des Fahrers hat. Der Lenker ist so einzustellen, daß der Fahrer nicht kerzengerade auf dem Sattel sitzt. In dieser Haltung würden die Bandscheiben durch die Stöße beim Fahren zu sehr belastet. Der Oberkörper sollte eine Neigung von 45 Grad zur Straße einnehmen. Auch darauf muß beim Kauf des Fahrrades geachtet werden. Sportfahrräder und Straßenrennräder sind serienmäßig mit Sportlenker beziehungsweise Leichtmetallenker ausgerüstet.

Nicht immer paßt die Tretkurbellänge. Kürzere Tretkurbeln kommen in Betracht bei Fahrern mit kurzen Beinen. Längere Tretkurbeln haben nur bedingt einen Sinn, da durch sie die Bodenfreiheit eingeschränkt wird.

Alle Fahrradtypen sind mit verschiedenen Rahmen erhältlich. Während der Herrenrahmen Gewichts- und Stabilitätsvorteile bietet, kann der Fahrer bei einem Damenrahmen bequemer auf- und absteigen. Übrigens: Warum soll es keine Männer geben, die Wert auf Bequemlichkeit legen, oder Frauen, die lieber einen Herrenrahmen bevorzugen?

VEB Mifa-Werk Sangerhausen bietet ein Universalfahrrad an. Dieses Fahrrad mit seiner offenen Rahmenform dient zum bequemen Gepäcktransport und ist von jedem Mann und von jeder Frau leicht zu handhaben. Obwohl der am Hinterrad angebrachte Kleiderschutz (üblich bei Damenfahrrädern) dem Fahrrad die Rolle eines Damenrades zubilligt.

Noch ein Wort zu den Klappfahrrädern. Sie sind günstig für die Mitnahme im Auto oder in der Bahn. Wegen des großen Rollwiderstandes, den die kleinen Räder nun einmal haben, ist das Fahren mit ihnen kein Vergnügen.

Eins ist jedenfalls sicher, über den Kauf eines bestimmten Fahrradtyps entscheidet jeder selbst! Braucht man es nur ein- oder zweimal im Jahr, dann reicht ein einfaches Tourenrad. Radfahrer aus Leidenschaft oder solche, die es werden wollen, müssen schon tiefer in die Tasche greifen. Für größere Wanderfahrten, eventuell mit Gepäck, sollte man auf eine Schaltung, vielleicht sogar eine 10-Gang-Schaltung, nicht verzichten. Auf jeden Fall ist eine genaue Information über das Angebot der Typen wichtig. Ein ausführliches Gespräch mit einem Fachverkäufer oder einem Fahrradmechanikermeister ist da sehr hilfreich.

In dem Buch „Mein Fahrrad" von Eberhard Jennrich gibt es eine gute Übersicht über die handelsüblichen Modelle und ihre wichtigsten Daten und Maße.

Das längste Fahrrad der Welt, ein vielbeiniges Stahlroß

Das größte Fahrrad der Welt: Die Reifen bestehen aus einem aufgepumpten Gartenschlauch und die Felgen aus einem aufgesägten Rohr.

Ob es das richtige Fahrrad war, für das man sich entschieden hat, zeigt sich bald. Der ständige Gebrauch ist der beste Beweis für die richtige Wahl.

Das Fahrrad näher betrachtet

Die vom Deutschen Normenausschuß Anfang unseres Jahrhunderts festgelegten Bezeichnungen der einzelnen Fahrradteile (DIN) haben insofern heute noch Gültigkeit, da sie mit unserer heutigen TGL weitestgehend übereinstimmen. (Vergleiche dazu die Abbildung.)

Die Hauptbestandteile unseres heutigen Fahrrades sind (am Beispiel eines Tourenfahrrades):
Rahmen, vorderes Laufrad, hinteres Laufrad, Schutzbleche, Vorderradgabel, Reifenbremse, Fahrradglocke, Flachlenker, Getriebe, Sattel, Rücktrittbremse, Gepäckträger, Beleuchtung: Scheinwerfer und Schlußleuchte mit Rückstrahler, Reifen, Felgen, Speichen, Naben, Ventile, Dynamo, Steuerkopfrohr, Oberrohr, Unterrohr, Sitzrohr, Hinterstreben, Schutzblechstrebe, Kettenschiene, Kettenrad, Tretkurbel, Rahmenluftpumpe und Werkzeugtasche.

Daneben gibt es eine Reihe von Bauvarianten und Umbaumöglichkeiten (zum Beispiel der Fahrradspiegel, Dynamoscheinwerfer, Sattelvarianten, Gepäckträgervarianten, Getriebearten usw.).

Im folgenden wenden wir uns nur den wichtigsten Bauteilen des Fahrrades zu, da die Kenntnisse über sie für ein gutes Funktionieren des Drahtesels wichtig sind.

Der Rahmen

Der Rahmen hält das ganze Fahrrad zusammen. Er ist das wichtigste Bindeglied für alle anderen Elemente. So ist es kein Wunder, daß die Geschichte des Fahrrades auch die seiner Rahmenkonstruktionen ist. Der heute gängigste Typ ist der „Diamant-Rahmen“ (Herrenfahrrad). Er hat nur bedingt etwas mit dem VEB Elite Diamant in Karl-Marx-Stadt zu tun.

Dem Begriff Diamant liegt die englische Bedeutung – diamond: rhombisch oder rautenförmig – zugrunde, und dies weist auf die ungefähre Ursprungsform des Diamantrahmens hin: das Parallelogramm.

Der Fünfeckrahmen ist mit seiner optimalen Stabilität sowohl der materialsparendste wie der leichteste aller Rahmenkonstruktionen, die es in der Fahrradgeschichte gab. Er hat sich bis heute bestens bewährt.

Der Rahmen besteht aus dem, aus einzelnen, ziemlich dicken Rohren aufgebauten Vorderrahmen und einem aus doppelten und dünneren Rohren aufgebauten Hinterbau. Die zugehörige Vordergabel ist eigentlich nicht ein Teil des Rahmens, sie wird aber manchmal dazu gezählt. Der Vorderrahmen setzt sich aus Oberrohr, Unterrohr, Sitzrohr und Steuerkopf zusammen. Die einzelnen Rohre sind durch Verbindungsmuffen zusammengefügt. Der Hinterbau besteht aus zwei mit der Tretlagermuffe verbundenen, konisch verlaufenden Hinterrohren und zwei dünneren hinteren Streben. Sie werden jeweils durch kurze Stege oder Brückenstücke miteinander verbunden. An den Enden der von den Streben und Hinterrohren gebildeten Dreiecke befinden sich die Ausfallenden, wo das Hinterrad befestigt wird.

Formvarianten des Rahmens gibt es bei Damen-, Tandem-, Klapp- und Kinderfahrrädern. Die Geometrie des Fahrradrahmens bestimmt das Fahrverhalten eines jeden Fahrrades. Neben der Rahmenhöhe, dem Radabstand, dem Steuerkopfwinkel ist es vor allem der Sitzrohrwinkel, der das Fahrverhalten wesentlich beeinflußt. Durch einen größeren Winkel, zum Beispiel bei Rennfahrrädern, wird die Tretkraft günstiger übertragen als bei Tourenfahrrädern, die einen kleineren Winkel besitzen.

Die Lenkung

Die Lenkung des Fahrrades besteht aus der Vorderradgabel, dem Steuersatz (Lenkungslager) und dem Lenker. Die Bestandteile der Gabel sind das Gabelschaftsrohr, der Gabelkopf und die Gabelarme. Durch das Lenkungslager werden Vorderradgabel und Rahmen miteinander verbunden. Wir unterscheiden Hochlenker, Flachlenker, Rennlenker und Hörnerlenker. Lenker für Tourenräder haben einen kurzen Vorbau, und die Lenkerbügel verlaufen nach oben geschwungen. Als Ergebnis wird dem Fahrer eine ungünstige Haltung aufgezwungen. Als wesentlich günstiger für die körperliche Konstitution erwies sich der Rennlenker.

Die Laufräder

Das Laufrad besteht aus der Felge, den Speichen, der Nabe sowie Schlauch und Reifenmantel. Die Speichen verbinden Felge und Nabe miteinander. Die aus der Nabe herausragenden Achsen ermöglichen die Befestigung des Laufrades in der Gabel. Die Größe des Laufrades richtet sich nach dem Fahrrad. Das Maß der Felgen stimmt mit dem Maß der Reifen überein. Ein guter Zustand der Laufräder ist die Voraussetzung dafür, daß das Fahrrad sich leicht bewegen läßt.

Die Felge ist ein Metallgerüst zur Anbringung des Reifens. Die zwei Hauptformen sind für normale Reifen und jene für Schlauchreifen. Die Schläuche sind aus weichem Gummi. Die Decke schützt den Schlauch vor Beschädigung. Seine Lauffläche ist mit einem Profil versehen.

Die Nabe ist das Herz des Laufrades. Ihre Kugellager bestimmen, wie leicht und spurtreu das Rad läuft. Beim Vorderrad sind sämtliche Naben bis auf die Radbefestigung ziemlich einheitlich. Beim Hinterrad sind sie unterschiedlich. Die Nabe besteht aus der Achse mit den zwei Kugellagern und der Nabenhülse mit zwei Flanschen. Bei der Hin-

Hauptbestandteile eines Fahrrades

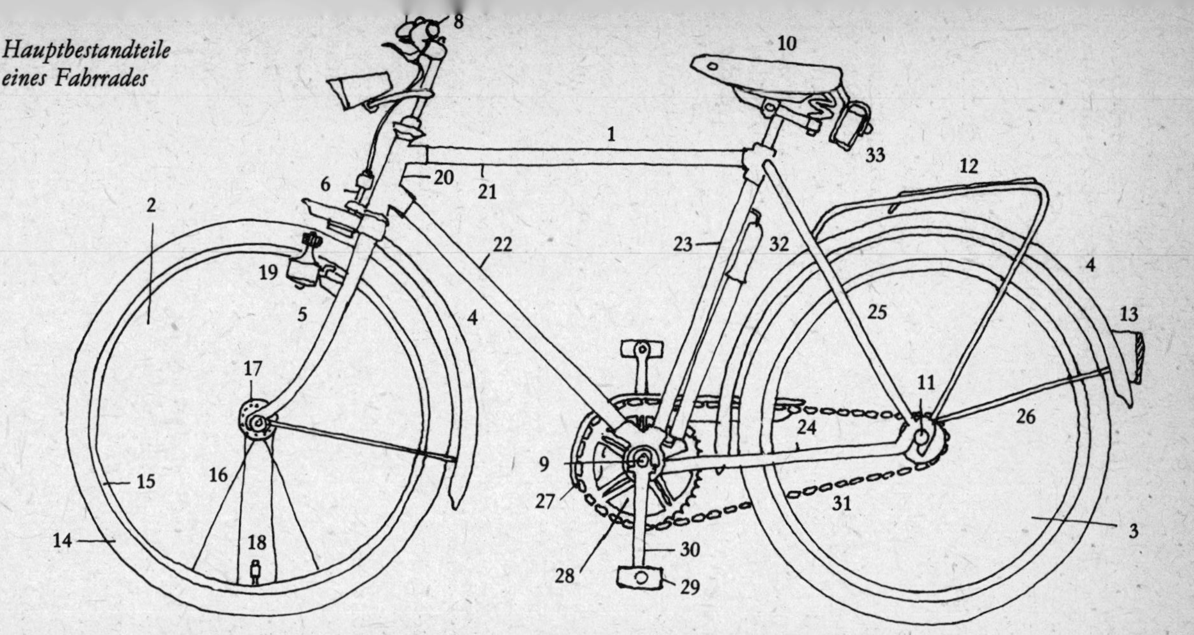

1 Rahmen; 2 vorderes Laufrad; 3 hinteres Laufrad; 4 Schutzbleche; 5 Vorderradgabel; 6 Reifenbremse; 7 Fahrradglocke; 8 Flachlenker; 9 Getriebe; 10 Sattel; 11 Rücktrittbremse; 12 Gepäckträger; 13 Beleuchtung (Scheinwerfer, Schlußleuchte mit Rückstrahler); 14 Reifen; 15 Felge; 16 Speichen; 17 Nabe; 18 Ventil; 19 Dynamo; 20 Steuerkopfrohr; 21 Oberrohr; 23 Sitzrohr; 24 Hinterrohr; 25 Hinterstreben; 26 Schutzblechstrebe; 27 Kettenschiene; 28 Kettenrad; 29 Pedal; 30 Tretkurbel; 31 Rollenkette; 32 Rahmenluftpumpe; 33 Werkzeugtasche

terradachse gibt es auf der rechten Seite eine Vorrichtung zur Anbringung des Zahnritzels oder eines Zahnkranzes. Die Nabe wird mit normalen Muttern oder Flügelmuttern befestigt. Für Rennräder gibt es sogenannte Schnellspannaben. Die Speichen verbinden Felge und Nabe. Sie bestehen aus Stahldraht. Gespannt werden die Speichen durch Nippel.

Der Antrieb

Der Antrieb des Fahrrades besteht aus dem Tretlagersatz mit den Tretkurbeln, den Kettenblättern, den Pedalen, der Kette und dem Zahnkranz oder Zahnritzel. Das Tretlager ist die Turbine unseres Kraftwerkes am Fahrrad. Es ist besonders hoch beansprucht, weil darauf die volle Kraft des Fahrrades wirkt, immer abweichend rechts, links, und die Kraft des Kettenzuges, die etwa doppelt so hoch ist wie die Kraft des Fahrers. Es ist also kein Wunder, daß das Tretlager sehr stabil sein muß – oder es geht schnell kaputt.

Die handelsüblichen Fahrradtypen sind entweder mit einem Keilgetriebe oder Glockengetriebe ausgerüstet. Das Keilgetriebe erhielt seinen Namen auf Grund des Kurbelkeils, der den Tretkurbelarm mit der Tretlagerachse fest verbindet. Keilgetriebe gibt es mit Einschraubschalen oder mit Einschlagschalen. Ein Keilgetriebe mit Einschraubschalen erkennt man äußerlich am Konterring, während die Keilgetriebe mit Einschlagschalen am Plaststaubdeckel zu identifizieren sind. Glockengetriebe, nur noch am Kinderfahrrad „blitz“ und an alten Modellen zu finden, erkennt man an den Metallhalbschalen der Tretkurbeln. Sie decken das Tretkurbelgehäuse glockenartig ab. Früher war das Glockengetriebe üblich, es ist supersolide, aber leider auch schwer zu öffnen, Spezialwerkzeug ist dafür unentbehrlich. Es hält meist 20 Jahre und länger, ohne daß ein Öffnen nötig wird. Wer Besitzer eines alten Fahrrades ist, wird das bestätigen können.

Sämtliche Tretlager rollen auf Kugeln. Die Tretkurbeln werden entweder durch Keile oder keillos angebracht. Die Länge der Tretkurbeln ist ziemlich einheitlich. Die Kettenblätter befinden sich auf der rechten Seite des Tretlagers.

Wir unterscheiden auswechselbare und nichtauswechselbare Kettenblätter.

Die Pedale werden in die Tretkurbeln eingeschraubt, das linke Pedal hat stets Linksgewinde.

Die Kette

Die Kette überträgt die Kraft der Beinmuskeln auf das hintere Laufrad. Sie läuft über das Kettenblatt am Tretlager und über das Ritzel am hinteren Laufrad. Die Fahrradkette wird von allen Fahrradteilen am meisten und am stärksten beansprucht. Der heute gängige Typ ist die Rollenkette. Indem die Zähne des Kettenrades beziehungsweise des Zahnkranzes in die Rollen greifen, wird die Kraft übertragen. Zwei Eigenschaften der Fahrradkette sind vor allem wichtig: die Geschmeidigkeit und ihre Stärke. Die Kette besteht im allgemeinen aus 540 Einzelteilen, das sind ein Drittel aller Fahrradeinzelteile (etwa 1400). Bei einem unvorhergesehenen Abbremsen aus schneller Fahrt mit Hilfe des Rücktritts muß sie die Kraft aushalten, mit der sich der Fahrer auf die Pedale stemmt. Bei ständiger Belastung dehnt sich die Kette aus, sie verschleißt. Die Lebensdauer einer normalen Kette beträgt ungefähr 4000 Kilometer. Im Hinterrad jedes Fahrrades (ausgenommen Bahn- und Kunstfahrräder) steckt ein Freilauf, der es dem Fahrer ermöglicht, beim Fahren die Füße still zu halten oder gar zurückzutreten. Er ist entweder in die Nabe eingebaut oder in einem Zahnkranz des Kettenschaltungsrades untergebracht.

Die Gangschaltung

Die Gangschaltung gehört zum Kraftübertragungssystem des Fahrrades. Heute handelsübliche Sport- und Tourenfahrräder sind mit Kettenschaltungen ausgerüstet. Sie bestehen aus dem Kettenschaltwerk und der Schaltvorrichtung: Schaltung, Umwerfer, Antriebsräder, Schalthebel.

Das Prinzip dieser Schaltung ist ganz einfach. Die Zehngangschaltung hat beispielsweise vorn zwei Kettenräder (Antriebsräder) und hinten ein Fünffachritzel, das aus fünf verschiedenen Zahnkränzen besteht. Mit Hilfe der Schaltung kann nun die Kette auf die verschieden großen Zahnkränze gehoben werden, wodurch jedesmal ein anderes Übersetzungsverhältnis entsteht. Da die beiden Antriebsräder auch noch unterschiedlich groß sind, werden mit dem Umwerfer vorn die Kombinationsmöglichkeiten verdoppelt. Bei einer Zehngangschaltung kann man nur acht Gänge wirklich benutzen, weil nicht über Kreuz geschaltet werden sollte, das heißt, die Kette sollte nie über das äußere Kettenrad und über den inneren Zahnkranz zugleich und umgekehrt verlaufen.

Kettenschaltungen werden mittels des Schalthebels nach Gefühl und Gehör geschaltet. Irgendwann weiß man, wo die Gänge liegen. Kettenschaltungen in Form der Dreigangschaltung verwendet man zum Beispiel bei sportlichen Tourenfahrrädern und bei Sportfahrrädern. Für leicht bergiges Gelände ist diese Schaltung ausreichend. Geschaltet werden kann prinzipiell nur während des Tretens, das wird man sehr schnell beim Anfahren an der Ampel merken, falls man vorher das Umschalten auf ein größeres Ritzel vergessen hatte. Geht es nachher bergan, so sollte man doch schnell tretend vor der roten Ampel herunterschalten. In der Regel beginnt dabei das Rad zu schwanken, vor allem weil man dazu eine Hand vom Lenker nehmen muß. Man entgeht solchen Situationen, dem typischen Wackler beim Schalten, wenn der Schalthebel bequem erreichbar am Lenker installiert ist. Bei der Kettenschaltung sollte man einen Gang nach dem anderen durchlaufen, nicht gleich mehrere überspringen. Die Kette könnte sonst über das kleinste oder größte Ritzel hinausspringen. Das Hinterrad würde blockieren, ein Sturz wäre unausweichlich. Bergauf zu schalten kostet bei verringertem Pedaldruck sehr viel Kraftaufwand, die Fahrt wird schnell langsamer. Eine Beschleunigung ist mit zusätzlichem Kraftaufwand verbunden, dieser Last widersteht die Schaltung aber nur bedingt, sie wird sehr schnell Schaden nehmen. Man sollte also immer rechtzeitig schalten.

Die Bremsen

Bremsen sind lebenswichtig. Drei Arten findet man an den handelsüblichen Fahrrädern: Rücktrittbremse, Felgenbremse, Reifen- oder Klotzbremse. 80 Prozent aller Fahrräder sind heute mit Felgenbremsen ausgerüstet. In alten Zeiten gab es die Touren-Gestänge-Klotz-Bremse. Sie war äußerst robust und zog, wenn sie richtig eingestellt war und der Reifen Profil hatte, ganz erstaunlich. Eine Klotzbremse mit Bowdenzug ist nicht sehr haltbar und auch nicht sehr zuverlässig. Warum gerade Kinder- und Jugendfahrräder noch immer mit solchen Handbremsen ausgerüstet sind, ist unerklärlich. Es gibt als Felgenbremsen: die Seitenzugbremse, die Synchronbremse und die Mittelzugbremse.

Die einfache Felgenbremse, auch als Seitenzugfelgenbremse bezeichnet, kann am Hinter- oder Vorderrad angebracht werden. Auch Fahrräder mit einer Rücktrittbremse vertragen im Gebirge noch eine Felgenbremse am Hinterrad. Der Wirkungsgrad der Rücktrittbremse nimmt bei langen und steilen Bergabfahrten ab, sie läuft heiß.

Felgenbremsen haben den Nachteil, daß sie bei Nässe rutschen. Wichtig beim Einstellen der Felgenbremse ist, daß die Bremsgummis genügend Abstand vom Reifen haben und beim Einsetzen von Bremsklötzen der Bremsschuh richtig herum wieder eingebaut wird, sonst rutscht der Klotz beim Bremsen raus. Die Vorteile einer Rücktrittbremse sind Einfachheit, Wartungsfreiheit und Zuverlässigkeit: für das Hinterrad eines einfachen Tourenrades. Die Bremse wird durch Zurücktreten betätigt. Dabei dehnt sich der Bremsmantel aus und reibt am Bremsbelag der Nabe, bis sämtliche im Fahrrad steckende kinetische Energie sich in Wärme umgewandelt hat und das Fahrrad stillsteht.

Die Beleuchtung

Eine ordnungsgemäß funktionierende Lichtanlage verlangt die Straßenverkehrsordnung (StVO), sie gehört zur Verkehrssicherheit des Fahrrades.

Schaut man sich im Dunkeln aber auf unseren Straßen

um, so kann man den Eindruck gewinnen, daß der schwache Lichtpunkt im wahrsten Sinne der schwächste Punkt der Fahrradtechnik ist. Fahren bei Dunkelheit ohne oder mit wenig Licht ist lebensgefährlich für alle Verkehrsteilnehmer. Nur Rennräder sind für die Teilnahme am Fahrradrennen von den Vorschriften der Straßenverkehrsordnung befreit.

Mit dem Fahrraddynamo besitzt jeder Radler sein eigenes Elektrizitätswerk. Das Produktionsergebnis hängt von der Kraftanstrengung eines einzelnen Arbeiters ab. Die verfügbare elektrische Leistung ist bei der Lichtmaschine (Dynamo) von der Geschwindigkeit des Fahrrades abhängig.

Bei einer durchschnittlichen Geschwindigkeit von 15 Stundenkilometern wäre die Lichtmenge recht gering. Deshalb sind der Scheinwerfer und das Rücklicht mit Reflektoren und Streuscheiben ausgerüstet. Das Dynamorad muß straff an der Seite des Reifens anliegen. Eine falsche Einstellung läßt den Reifen schnell verschleißen.

Um sich im Straßenverkehr ins rechte Licht setzen zu können, bietet der Handel heute vielerlei Zubehör, unter anderem reflektierende Reifen für Vorder- und Hinterrad an. Muß der Radler an Kreuzungen oder Einmündungen anhalten, geht ihm das Licht aus. Eine Zusatzbeleuchtung mit Batterieantrieb schafft Abhilfe. Dabei dürfen nur Glühlampen mit 2,4 Watt für die Scheinwerfer und 0,6 Watt für die Schlußleuchte verwendet werden.

Helle Kleidung, saubere Rückstrahler an den Pedalen und in einigen Ländern schon übliche Speichenseitenreflektoren erhöhen die eigene Sicherheit um ein Vielfaches.

Das Zubehör

Eine Fahrradglocke, Schutzbleche, ein Kettenschutz, ein Gepäckträger, ein Fahrradschloß, eine Luftpumpe, Kleidernetze, Lenkergriffe, Werkzeugtasche, Sattelschutzdecke, Packtaschen, Seitenständer oder Doppelparkstütze, Kilometerzähler, Regenumhang, Schmutzfänger und Nabenputzringe komplettieren das Fahrrad.

Ersatzteile und Werkzeug

Eine regelmäßige und intensive Wartung verhindert viele Defekte. Mit ein bißchen Glück und einem gut gewarteten Fahrrad kommt man ohne Reparatur über die Runden. Eine Faustregel besagt, daß alle beweglichen Teile am Fahrrad mindestens einmal im Jahr auf ihre Funktionstüchtigkeit kontrolliert und gründlich gereinigt werden sollten. Für die Wartung und eventuell nötigen Reparaturen unterwegs braucht der Radfahrer folgende Ausrüstung:

1. Die wichtigsten Schraubenschlüssel

   Der sogenannte Knochen ist für das Fahrrad der Universalschlüssel. Leider sind die handelsüblichen aus Spritzguß nicht sehr stabil. Alte eiserne sind besser.

   In die Werkzeugtasche gehören weiter: Schlüssel für die Rücktrittnabe, ein kurzer Schraubenzieher mit einer breiten, kräftigen Klinge, ein 14/15er-Maulschlüssel zum Festziehen von Pedalen und passend für fast alle größeren Muttern am Rad und ein dünner 12/13er-Maulschlüssel zum Einstellen des Vorderradkugellagers. Zusätzlich sind Ringschlüssel in den Größen 8/9, 10/11, 12/13 zu empfehlen.

   Eine kleine Wasserpumpenzange greift überall dort, wo kein Schlüssel paßt, und mit dem Nippelspanner kann man lockere Speichen anziehen.

2. Flickzeug für den Fahrradschlauch

   Die im Handel erhältliche Schachtel mit Sandpapier, ein bis zwei Ersatzventilen oder Ventilgummi, ein paar Stücke von einem alten Fahrradschlauch zur Reparatur von Rissen im Reifen komplettieren die im Handel erhältliche Schachtel mit Flickzeug. Reifenheber, um einen Reifen von der Felge heben zu können, gehören dazu. Mit einem Schraubenzieher oder anderen Hilfsmitteln können der Schlauch, der Reifen oder die Felge beschädigt werden.

3. Ersatzteile

   Ein paar Überwurfmuttern in verschiedenen Größen, eine Scheinwerferlampe (6 Volt, 2,4 Watt), eine Rücklichtlampe (6 Volt, 0,6 Watt), etwas Draht, ein Bindfa-

den, ein Taschenmesser gehören in die Satteltasche. Angebracht ist auch eine kleine Plastflasche mit Motorenöl, eine Schuhputzdose mit Schmierfett.
1 bis 2 Ersatzspeichen, eventuell auch Kugellagerkugeln beziehungsweise komplette Käfige. Bremsgummis, Brems- und Schaltzüge, Ersatzreifen und ein Schlauch sind nur bei längeren Wanderfahrten notwendig.
Putzlappen, ersatzweise Toilettenpapier sowie Handwaschpaste befreien die Hände nach einer Reparatur vom öligen Schmutz.
Die Luftpumpe ist mindestens ebenso wichtig wie das Flickzeug. Je länger die Luftpumpe ist, um so besser. Dabei sind Blechausführungen (Luftpumpen für Rennräder) immer besser als die aus Plast.

Pflegefälle und Reparaturtips

Zunächst wird das Fahrrad vollständig mit einem trockenen Tuch gereinigt. Wasser und Spülmittel dringen in die Lager ein, lösen die Schmiermittel auf und fördern das Rosten. Wenn notwendig, beseitigt Waschbenzin den hartnäckigsten Schmutz. Kettenschaltungen und Ketten reinigt man in einer mit Waschbenzin gefüllten Schüssel.

Schmierfett gehört in die Lenkungslager, Radnaben, Pedallager und in das Getriebelager.

Alle Federn und Drehpunkte werden geölt. Um Pannen zu verhüten, sollte man öfter nachsehen, ob sich spitze Steinchen im Reifenprofil verklemmt haben. Je dünner, das heißt, je abgefahrener der Reifen ist, desto größer ist die Gefahr, daß Fremdkörper eindringen und einen sogenannten Plattfuß verursachen. Wer Geld sparen will, läßt gekaufte Reifen etwa ein Jahr aushärten, so halten sie länger. Vor längeren Touren sollten neue Reifen aufgezogen werden, sie bieten mehr Sicherheit, vor allem bei Nässe sowohl im Kurvenverhalten als auch während des Bremsens. Wer auf Dauer bequem und weich sitzen will, schützt den Sattel vor Nässe, behandelt ihn regelmäßig mit Lederfett und spannt ihn öfter nach. Festsitzende Schrauben, beispielsweise an den Schutzblechen und am Kettenschutz, verhindern nervtötendes Klappern. Ein Knacken in den Lagern bedeutet, daß sie Schmierung verlangen. Sollte die Tretlagerachse in der Lagerhülse klappern, müssen die Kugellager nachgestellt werden. Die Keillager kann man, ohne sie zu öffnen, nachstellen. Glockengetriebe müssen geöffnet werden. Achtung, das lohnt sich aber erst, wenn sie kaputt sind, da sie beim Öffnen ohne Spezialwerkzeuge ohnehin kaputtgehen.

Naben und Achsen mit ihren Kugellagern sorgen für einen einwandfreien Lauf des Rades. Sie verlangen gute Pflege und Wartung. Die Kugellager sind aus härtestem Stahl, aber höchst beansprucht und nur haltbar, wenn sie richtig geschmiert und eingestellt sind.

Besondere Aufmerksamkeit gilt der Wartung des Rahmens, dies vor allem aus Sicherheitsgründen. Rahmenbrüche sollten durch einen Fachmann behoben werden. Man lasse keinen Pfuscher am Rahmen schweißen, das kann gefährlich werden. Einen verbogenen Rahmen kann man durch eine Rahmenrohrkontrolle feststellen und mittels eines geraden Stahlrohres zum Beispiel im Steuerkopfrohr selber richten. Treten dabei Haarrisse auf – Anzeichen sind dafür das Abblättern einzelner Lackteile –, sollte man aufhören und den Rahmen dem VEB SERO zuführen.

Beulen in der Felge – die bei schlechten Wegstrecken oder bei zuwenig Luft entstehen, können ohne Demontage der Bereifung mit einer Wasserpumpenzange herausgedrückt werden.

Die Speichen müssen immer stramm angezogen sein. Wenn sie locker sind, knarren sie. Eine Notlösung ist, unterwegs die Speichen mit Draht zusammenzuziehen, dadurch läßt sich das Rad wieder zentrieren. Speichen sind dann stramm genug, wenn sie nicht mehr nachgeben beim Hineingreifen. Einzelne Speichen wechselt man mit dem Nippelspanner selbst aus. Das Einspeichen eines kompletten Laufrades sollte man einem Fachmann überlassen.

Eine der häufigsten Fahrradpannen ist der „Platte". Hat es geknallt, ist der Schlauch geplatzt oder von der Felge gesprungen. Zischt es, ist ein Loch im Schlauch, ist nichts zu hören, liegt es am Ventil.

Doch sehr schnell wird die Fahrt unterbrochen, wenn eine Acht in der Felge die Weiterfahrt blockiert. Was tun? Die Acht muß sofort nach dem Unfall herausgedrückt werden. Das Metall hat noch Spannung und wird wie eine Sprungfeder zurückschnappen. Die letzten Reste der Acht beseitigt man zu Hause durch Spannen der Speichen.

Sind die Bremsgummis abgefahren, so sollten sie ausgewechselt werden, bevor zum Beispiel die Metallkonstruktion der Bremse die Reifen beschädigt.

Alle Bowdenzüge, sowohl die für die Handbremse wie die für die Schaltung, müssen regelmäßig überprüft und geölt werden. Die regelmäßige Überprüfung der Lichtanlage garantiert Licht und im Dunkeln Sicherheit.

Der größte Feind der Kette ist der Schmutz. Sand bedeutet schnellen Verschleiß. Deshalb muß sie regelmäßig gereinigt werden. Die Kettenspannung läßt nach, wenn das Hinterrad rutscht und nicht fest arretiert ist. Die Kette soll nach oben und unten ungefähr 1 Zentimeter Spiel haben und möglichst nie trocken laufen. Wenn die Kette quietscht, ist es höchste Zeit zum Fetten.

Die Wartung der Schaltung erfolgt von Zeit zu Zeit. Gründlich werden alle beweglichen Teile gereinigt. Zum Ein- und Ausbau der Schaltung stellt man das Fahrrad auf den Kopf.

Bei der Probefahrt dürfen keinerlei Geräusche entstehen. Ein gut geschmiertes und eingestelltes Rad läuft geräuschlos.

Checkliste für die Wartung und Pflege:

1. Fahrrad reinigen
2. Reifenzustand überprüfen
3. Speichenspannung überprüfen
4. Bremsgummis erneuern und Bremsen einstellen
5. Lager fetten und einstellen
6. Sattel und Lenker richtig einstellen
7. Schaltung einstellen und fetten/ölen
8. Lichtanlage testen
9. Reifendruck prüfen
10. Testfahrt

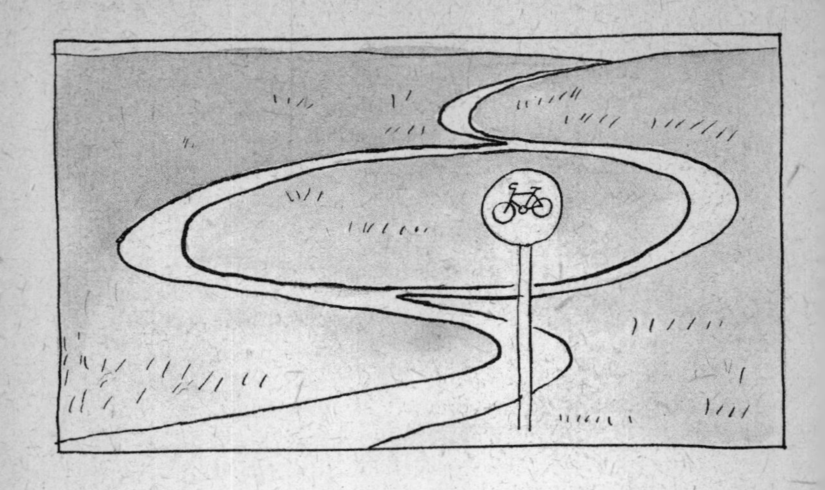

Von Rechts wegen

Im Jahre 1900 stellte der Fahrradjurist Professor Schumacher fest: „Das Rad und seine Benutzung ist heute noch nicht geregelt.

Die massenhafte Verwendung des Rades im Verkehr ist noch so neu, daß die Gesetzgebung bisher noch keine Zeit, und was zu Gunsten des Fahrrades spricht, auch noch keine Veranlassung gehabt, eine neue gesetzliche Regelung eintreten zu lassen." (Lessing, S. 480)

Heute gelten für den Fahrradfahrer dieselben Bestimmungen wie für alle Verkehrsteilnehmer. In der Präambel der Straßenverkehrsordnung steht es schwarz auf weiß: Alle Verkehrsteilnehmer müssen die für sie geltenden Verkehrsbestimmungen kennen und gewissenhaft einhalten.

Nun braucht der Fahrradfahrer keine „Fahrschulausbildung", keinen Führerschein und keine Stempelkarte. Trotzdem sind auch Radler Fahrzeugführer und müssen sich entsprechend den Grundregeln der StVO verhalten. Das sind zum einen die Allgemeinen Bestimmungen, die für alle gelten, und die, die sich ausschließlich an den Fahrradfahrer wenden:

§ 32 – Führen von Fahrrädern

(1) „Radfahrer müssen einzeln hintereinander fahren. Sie haben Radwege zu benutzen. Auf Straßen ohne Radwege ist die äußere rechte Fahrbahnseite einzuhalten. Außerhalb von Ortschaften dürfen Radfahrer die neben der Fahrbahn liegenden Seitenstreifen (Baukette) benutzen, wenn sie den Fußgängerverkehr nicht behindern.

(2) Es ist nicht gestattet, freihändig zu fahren oder während der Fahrt die Füße von den Pedalen zu nehmen. Das ständige Fahren neben einem anderen Fahrzeug, insbesondere neben einem Schienenfahrzeug, sowie das Anhängen an Fahrzeuge oder ständiges Fahren in geringer Entfernung hinter einem Kraftfahrzeug ist nicht gestattet."

§ 33 – Mitnahme von Personen und Gegenständen auf Fahrrädern

(1) „Auf einsitzigen Fahrrädern dürfen andere Personen nicht mitgenommen werden. Ausgenommen davon sind Kinder im Alter bis zu 7 Jahren, wenn für sie geeignete und feste Sitze sowie Fußstützen angebracht sind. Die Fußstützen müssen mit einer Schutzvorrichtung versehen sein, die das Einklemmen der Füße verhindert.

(2) Auf einem Fahrrad dürfen nur solche Gegenstände mitgenommen werden, die den Radfahrer und den übrigen Verkehr nicht gefährden oder behindern.

(3) Mit Fahrrädern, an denen Anhänger angebracht sind, darf nur die Fahrbahn benutzt werden. Das Anbinden von Handwagen an Fahrräder sowie das Führen von Handwagen oder Tieren, mit Ausnahme von Hunden, von fahrenden Fahrrädern aus ist nicht gestattet."

Wer heute mit dem Fahrrad am Straßenverkehr teilnehmen will, muß ebensoviel verkehrsrechtliches Wissen besitzen wie alle anderen Fahrzeugführer. Es ist gerade unter den besonderen Bedingungen des sich ständig erweiternden Kraftfahrzeugverkehrs lebensnotwendig, daß der Fahrradfahrer weiß, wie sich Kraftfahrer normalerweise bewegen müssen.

So muß der Radfahrer natürlich über die Benutzung der

Fahrbahn (§ 10) ebenso Bescheid wissen wie über die Vorfahrt (§ 13), das Verhalten an Fußgängerüberwegen, Haltestellen und Bahnübergängen (§§ 14, 19 und 20), die Änderung der Fahrtrichtung (§ 15) und die Beleuchtung der Fahrzeuge (§ 21).

Bestimmungen, wie sie zum Beispiel in den §§ 12 (Fahrgeschwindigkeiten und Abstand), 16 (Wenden und Rückwärtsfahren), 23 (Halten und Parken) oder 11 (Fahren in Fahrspuren) enthalten sind, gelten prinzipiell für Radfahrer, wenngleich Einzelheiten nur oder hauptsächlich für die Kraftfahrer Bedeutung haben. Wichtig ist zudem aus dem fünften Kapitel (Bestimmungen zum Schutze des Straßenverkehrs) der § 42 (Verkehrsunfälle) und aus dem sechsten Kapitel (Sonderbestimmungen) der § 44 (Fahrzeuge mit Sondersignalen).

Selbstverständlich muß auch der Radfahrer die Verkehrszeichen kennen, soweit sie für ihn zutreffen. Das gilt beispielsweise für alle vorfahrtregelnden Zeichen und Vorschriftszeichen wie Bild 201 (Verkehrsverbot für alle Fahrzeuge), Bild 202 (Einfahrt verboten), Bild 209 (Fahrverbot für Radfahrer) oder Bild 230 (Mindestgeschwindigkeit). Dagegen braucht er sich mit zulässigen Höchstgeschwindigkeiten, Parkordnungen oder Autobahnzeichen nicht zu befassen.

Vor Antritt der Fahrt ist das Fahrrad auf Verkehrs- und Betriebssicherheit zu überprüfen. Einschlägige Bestimmungen sind im § 8 Absatz 1 nachzulesen. Bezüglich des Fahrrades gilt:
Ein Fahrrad ist verkehrs- und betriebssicher, wenn die elektrische Beleuchtungsanlage in Ordnung ist, zwei gut funktionierende, voneinander unabhängige Bremsen vorhanden sind, eine helltönende Fahrradglocke angebracht ist, gelbe Pedalrückstrahler vorhanden sind.

Hinzuzufügen wäre, daß jedes Fahrrad beim Abstellen (Ausnahme: verschlossene Räume) mit einem Fahrradschloß zu sichern ist. Neben diesen allgemeinen und grundsätzlichen Hinweisen zu den Fahrradparagraphen der StVO seien einige spezifische Verhaltensweisen der Fahrradfahrer genannt, die zu kennen wichtig sind, hauptsächlich dann, wenn man mit kleinen Kindern oder Freunden unterwegs ist. Es liegt vor allem in der Verantwortung der Erwachsenen, die Kinder rechtzeitig auf die Anforderungen des heutigen Straßenverkehrs vorzubereiten. Doch allein sollten die Jüngsten erst ab 14. Lebensjahr am städtischen Straßenverkehr teilnehmen. Vorher sollte man gemeinsam mit ihnen das Verhalten im Straßenverkehr üben.

Nach der StVO dürfen Kinder nur bis zum vollendeten 7. Lebensjahr auf einem Fahrrad mitgenommen werden, wenn für sie am Fahrrad geeignete und feste Kindersitze angebracht werden. Heute üblich sind die Körbchen zur Befestigung am Lenker. Zum Selbstmontieren ist auch der feste Kindersitz (Kindersattel). Zum Kindersattel gehören Fußrasten und eine Schutzvorrichtung für die Füße. Fußrasten dürfen nicht ohne Seitenschutz am Fahrrad angebracht werden. Der Kindersitz ist für kleinere Kinder am besten, wenn er vorn montiert ist. Der Vordersitz gestattet es dem Fahrer, sein Kind gegen Herausfallen zu schützen und sich mit ihm zu unterhalten. Ohnehin sollte es die Regel sein, das Kind nie allein auf dem abgestellten Fahrrad sitzen zu lassen. Kinder, die jünger als ein Jahr sind, gehören noch nicht auf den Kindersattel. Auf dem Rücken im Tragegestell oder Tragerucksack sind sie sicher aufgehoben. Da es sich mit solch einer ungewohnten Last auf dem Rücken anders als normal fährt, üben bewußte Eltern vorher mit einem Sack Kartoffeln im Tragegestell das Anfahren, Anhalten und Absteigen. Mit einer handelsüblichen Doppelparkstütze ist die Unsicherheit beim Draufsetzen oder Herausheben des zweijährigen oder älteren Kindes behoben. Man kann sie gleichzeitig mit der Montage des Körbchens oder des Kindersitzes anbringen.

Wenn man noch mehr transportieren will als die Kinder, benutzt man am besten einen Fahrradanhänger. Recht abenteuerlich sehen sie manchmal schon aus, die selbstgebastelten Fahrradanhänger. Damit wird nicht nur Bier und Grünfutter geholt, zum Transport von allerlei Sachen werden sie verwendet. Doch auch sie unterliegen den Bestimmungen der StVO.

Die im Handel üblichen Fahrradanhänger erfüllen alle

diese Anforderungen. Sie sind praktisch, aber Form- und Modegestalter waren da nicht am Werk. Sie bestehen entweder aus Alublech oder Holz. Letzteres hat durch sein größeres Eigengewicht den Nachteil, daß der Wagen bei voller Beladung sehr schwer ist.

Eine bewegliche Kugelkupplung verbindet zuverlässig den Anhänger und des Zugfahrzeug (Fahrrad). Die Fahrradanhänger-Zugvorrichtung wird an der Sattelschraube angebracht. Natürlich muß der Fahrradanhänger auch beleuchtet sein. Dazu ist an der linken Seitenwand ein Fahrradrücklicht angebracht. Nach dem Zusammenkoppeln von Fahrrad und Anhänger ist die elektrische Verbindung mittels Steckers herzustellen. Im Durchschnitt kann in den handelsüblichen Fahrradanhängern eine Last bis 36 Kilogramm transportiert werden.

Stadt erfahren – Fahrrad in der Stadt

Fahrradfahren in der Stadt, kann das eigentlich interessant und abwechslungsreich sein? Noch sind die Radfahrer die Stiefkinder im Verkehr, ja, sie sind im wahrsten Sinne des Wortes die Rechtsaußen auf der Straße.

Man trifft auf einen bedauernswerten Zustand: Die Verkehrsführung ist im allgemeinen nur auf die Autos abgestimmt, und die Radwege sind nicht immer im besten Zustand. Haben die Verkehrsplaner und Baumeister unserer Städte die Radfahrer vergessen? Liest man in der Verkehrskonzeption, findet man Aussagen und Festlegungen zum Radverkehr in der DDR.

Vorerst gibt es zuwenig Radwege, und viele von ihnen gleichen mehr den Postkutschenwegen zur Zeit des Freiherrn von Drais. Wenn in der DDR dem Fahrradverkehr wegen der vielfältigen Vorteile mehr Raum gegeben werden soll, müssen konsequenterweise die Wiederherstellung, der Ausbau und die Instandsetzung von Anlagen für den Radverkehr Bestandteil der Leistungen im Straßenwesen in den kommenden Jahren werden. Dabei ist natürlich das spezifische Radverkehrsaufkommen der Regionen zu beachten. Es schwankt zwischen 0,05 und 1,22 Fahrten je Person und Tag. Den Spitzenwert hält dabei die Industriestadt Dessau, gefolgt von den Bezirksstädten Cottbus, Magdeburg und Dresden. In Dessau ist der Fahrradverkehr die dominierende Verkehrsart. Ähnliches gilt für Guben, Forst und das Braunkohlengebiet um Senftenberg.

Untersuchungen ergaben, daß die durchschnittliche Fahrtlänge im Werktagsverkehr bei 2,5 Kilometern liegt, wofür ungefähr 13 Minuten Reisezeit bei einer durchschnittlichen Geschwindigkeit von 11,5 Stundenkilometern benötigt werden. Im sogenannten Werktagsverkehr wird das Fahrrad vorrangig (50 Prozent) für den Weg von der Wohnung zur Arbeitsstätte oder zur Schule benutzt.

Internationale Analysen des Stadtverkehrs haben ergeben, daß die weitaus meisten Stadtfahrten mit dem Auto nicht länger als 5 Kilometer sind, der Hauptteil liegt sogar im Bereich von 2 bis 3 Kilometern. Bei solchen Entfernungen ist man mit dem Fahrrad insgesamt nicht langsamer. Der ehemalige Von-Haus-zu-Haus-Verkehr wandelt sich mehr und mehr zu einem Vom-Parkplatz-zum-Parkplatz-Verkehr. Rechnet man die Suche nach freien Parkplätzen und die Fußwege von den Parkplätzen zu den Ziel- beziehungsweise Ausgangspunkten (Wohnung, Betrieb, Kaufhaus usw.) zur Fahrtzeit hinzu, kann das Auto im Bereich bis etwa 5 Kilometer vielfach schon nicht mehr mit dem Fahrrad konkurrieren, ist das Fahrrad bereits schneller.

In städtischen Ballungsgebieten ist es teilweise schon so, daß manche Autobesitzer nur deshalb nicht mehr mit dem Auto wegfahren, weil sie befürchten müssen, nach der Rückkehr keinen freien Parkplatz wieder vorzufinden. Schon aus diesem Grund ist das Fahrrad neben den öffentlichen Verkehrsmitteln eine Alternative. Doch es gibt auch noch Hindernisse. Wenn man beispielsweise vor der Kaufhalle oder vor dem Rathaus das Fahrrad abstellen will, muß man sich mit Häuserwänden, Gartenzäunen, Schaufenstern oder Bordsteinen behelfen. Fahrradständer oder Fahrradparkmöglichkeiten gibt es in den Städten kaum, Vorschläge dagegen viele. Ansätze und Realisierung finden wir teilweise in den Neubaugebieten. Abstellanlagen für Fahrräder, wie der Verkehrsplaner sie nennt, müssen eine standsichere Vorrichtung sein, die ein kraftunaufwendiges Einrangieren erlaubt. Dabei gilt der Grundsatz: bequem, sicher und gut geschützt gegen Witterungseinflüsse.

Ist kein Fahrradweg vorhanden, fährt der Radler in der rechten Spur. Parkende oder haltende Fahrzeuge, Mülltonnen oder Bretterkonstruktionen, Bauschutt, ein schlechter Fahrbahnrand oder tiefer liegende Gullydeckel zwingen ihn hin und wieder, nach links auszuweichen. Der Konflikt mit dem Kraftfahrzeug ist dann vorprogrammiert. Fahrradfahrer zählen zu der Gruppe von Verkehrsteilnehmern, die auf Grund ihrer Geschwindigkeit nicht im Verkehrsfluß mitschwimmen können, es sei denn, der Verkehr ist zähflüssig.

Ist der Fahrradfahrer ein Fußgänger auf zwei Rädern? Seine Geschwindigkeit ist mit 9,4 Kilometern je Stunde durchschnittlicher Reisegeschwindigkeit etwa zwei- bis dreimal so hoch wie die des Fußgängers. Natürlich müssen dem Verkehrsteilnehmer auf dem muskelbetriebenen Zweirad spezielle Verhaltensweisen und Kenntnisse bekannt und vertraut sein. Doch dazu braucht ein Fahrradfahrer Selbstbewußtsein und Optimismus. Immerhin ist man nur durch eigene Muskelkraft schnell. Im innerstädtischen Bereich wird das Fahrrad von keinem anderen Fahrzeug übertroffen. Mit ihm kann man in der Großstadt schöne Schleichwege benutzen, stille Straßen mit Gärten und Grünanlagen – der frischen Luft ein Stück näher. Selbst auf den Hauptverkehrsstraßen mit großer Abgasbelastung atmet der Radler infolge günstiger Luftzirkulation bessere Luft als die PKW-Insassen.

Wer mit dem Rad unterwegs ist, wartet nicht in Staus und an Tankstellen, braucht keinen Scheck fürs Benzin, und über regelmäßige Werkstattermine kann er nur lachen.

Also mit dem Fahrrad zur Arbeit, zur Schule, zur Universität? Es lohnt sich, für diesen täglichen Weg eventuell einen kleinen Umweg zu fahren, um auf angenehmen und ungefährlichen Straßen jeden Morgen und Abend seine Meile in der „Lauf“ beziehungsweise „Fahr-dich-gesund!“-Aktion zu absolvieren.

Zuallererst sollte aber der Weg zur Arbeitsstelle, zur Schule oder zur Universität auf „Fahrradtauglichkeit" überprüft werden. Auf dem Stadtplan erkundet man die weniger befahrenen Nebenstraßen oder zum Radfahren geeignete Verbindungswege in Grünanlagen. An einem Sonntag, bei entsprechend geringem Verkehr, sollten verschiedene Strecken getestet werden. Handzeichen sind wichtig, um die Autofahrer und andere Verkehrsteilnehmer rechtzeitig über eigene Absichten zu informieren. Hindernisse müssen rechtzeitig erkannt werden. Zwei Möglichkeiten gibt es nur, Anhalten oder Drumherumfahren. Ein guter Fahrradfahrer ist die Aufmerksamkeit in Person, er fährt vorausschauend. Angst vor dem übrigen Verkehr lähmt.

Neben den täglichen Wegen, die man im allgemeinen sehr gut mit dem Fahrrad erledigen kann, kann man sich seine Stadt erfahren. Wichtig ist, die Routen sorgfältig zu planen. Dabei ist davon auszugehen, daß das Fahrradfahren nur dann Spaß macht, wenn das Gefährt einen großen Teil der Strecke gleichmäßig dahinrollt. Hauptstraßen sollte man meiden und sich die wichtigsten Haltestellen des Nahverkehrs merken. Eine Panne oder ein anhaltender Regenguß können die Fahrt schneller beenden als geplant. Ein Taschenfahrplan gehört deshalb zur Ausrüstung für eine Wochenendstadtfahrt.

Schon immer beliebt sind Stadtrundfahrten mit dem Bus. Doch der Bus hat eine feste Route, der Radfahrer bestimmt selber. Man erlebt die Stadt hautnah. Es gibt Parks, Museen, alte Baudenkmäler, seltene Bäume, interessante Brunnen und andere Zeugnisse der Geschichte, die man sich erfahren kann. Dem eigenen Tatendrang und Ideen sind dabei keine Grenzen gesetzt.

Ein Beispiel für „Stadterfahrungen" in Berlin, der Hauptstadt der DDR, ist folgender Vorschlag: Einige Stätten des antifaschistischen Widerstandskampfes von 1933 bis 1945 aufsuchen. Solche und Projekte mit anderen Themen lassen sich für jede Stadt, für jeden Bezirk und entsprechend dem unterschiedlichen Interesse zusammenstellen.

Bedingung: etwas Vorbereitung, Phantasie, der Wunsch, den Atem der Geschichte zu spüren, und ein Fahrrad.

Und – auf Entdeckungsfahrt geht man mit Freunden.

Unsere Fahrt beginnt im Buch und auf dem Stadtplan von Berlin.

Zum Beispiel aus einem Wörterbuch der Geschichte und anderen Büchern suchen wir uns die Stätten des antifaschistischen Widerstandskampfes heraus. Auf dem Stadtplan planen wir die Tour. Es entsteht eine Liste mit Namen, Daten und Orten, mit Ereignissen. Sie könnte so aussehen:

1. *Wasserturm*

KZ im Februar 1933, Prenzlauer Berg, Diedenhofer Ecke Knaackstraße (Gedenkstein).

Hier wurden schon im Februar 1933 in den Gerätekammern des Wasserturms Hunderte Funktionäre der Arbeiterbewegung grausam gefoltert und zu Tode gequält.

2. *Bücherverbrennung auf dem Opernplatz*

10. Mai 1933, Stadtbezirk Mitte, Bebelplatz, Gedenktafel.

Am 10. Mai 1933 verbrannten die Faschisten in einem sogenannten symbolischen Akt rund 20000 Bücher.

3. *Köpenicker Blutwoche*

Juni 1933, Stadtbezirk Köpenick, Dorotheen-/Ecke Pohlestraße, Gedenkstein.

In der Woche nach dem 21. Juni 1933 überfielen SA und SS in Köpenick Mitglieder und Funktionäre der KPD, SPD und Gewerkschafter in ihren Wohnungen und verschleppten sie unter anderem in das SA-Lokal „Demuth“, hier mißhandelten und ermorderten sie ihre Opfer.

4. *Reichskristallnacht am 9./10. November 1938*

9./10. November 1938, Stadtbezirk Mitte, Synagoge Oranienburger Straße, Gedenktafel.

In der Nacht vom 9. zum 10. November 1938 begann eine neue Welle terroristischer Gewalttaten gegen die jüdischen Bürger unter anderem auch in Berlin. In der Oranienburger Straße, dem Hauptsitz der Jüdischen Gemeinde von Berlin, wurde die Synagoge in Brand gesteckt. Die Ruine blieb bis heute als Mahnung erhalten.

5. *Dienstzimmer Adolf Reichweins im ehemaligen Prinzessinnenpalais*

4. Juli 1944, Stadtbezirk Mitte, Unter den Linden 5 (heute rückwärtiger Eingang zum Operncafé).

Das Dienstzimmer des Pädagogen Adolf Reichwein (SPD), der am Museum für Deutsche Volkskunde wirkte, war von 1940 bis 1944 ein zentraler Treffpunkt für Zusammenkünfte der Mitglieder des „Kreisauer Kreises". Adolf Reichwein war der Verbindungsmann dieser Kräfte, der im Auftrag Stauffenbergs die Verbindung zur KPD herstellte. Doch vor dem geplanten Treffen mit Anton Saefkow (KPD) wurde er mit Julius Leber (SPD) verhaftet (4. Juli 1944).

6. *Karl-Liebknecht-Haus*

Sitz des Zentralkomitees der KPD bis Januar 1933, Stadtbezirk Mitte, Weydinger-/Ecke Kleine Alexanderstraße, Gedenktafel und ständige Ausstellung (Besuch nach Anmeldung).

7. *Treffpunkt der „Roten Kapelle"*

Lokal „Bärenschänke", Stadtbezirk Mitte, Friedrichstraße 124 (am Oranienburger Tor).

In diesem ehemaligen Ausländerlokal war der Treffpunkt einer der bekanntesten und aktivsten Widerstandsgruppen gegen den Faschismus, der „Roten Kapelle".

8. *Wohnung Anton Saefkows*

Stadtbezirk Pankow, Trelleborger Straße 26, Gedenktafel.

Anton Saefkow, führender Funktionär der KPD, wurde am 4. Juni 1944 bei aktiver antifaschistischer Tätigkeit verhaftet und am 18. September 1944 im Zuchthaus Brandenburg hingerichtet.

9. *Gedenkstätte der Sozialisten*

15. Juni 1924, Stadtbezirk Berlin-Lichtenberg, Städtischer Zentralfriedhof mit der Gedenkstätte der Sozialisten, Neueinweihung im Januar 1951 durch Wilhelm Pieck.

Karl Liebknecht und Rosa Luxemburg, die von der imperialistischen Reaktion ermordet wurden, liegen hier begraben. Die von Ernst Thälmann geführte KPD errichtete unter großen Schwierigkeiten Mitte der zwanziger Jahre die Gedenkstätte; 1935 von den Hitlerfaschisten zerstört, wurde sie im Januar 1951 neu eingeweiht. So liegt nun auch hier der Führer der KPD, Ernst Thälmann, der im August 1944 im KZ Buchenwald ermordet wurde.

Ausgangspunkt unserer Fahrt könnte der Luxemburgplatz sein mit dem Karl-Liebknecht-Haus und der Abschluß die Gedenkstätte der Sozialisten in Berlin-Friedrichsfelde. Gerastet wird in der Bärenschänke, dem ehemaligen Treffpunkt der „Roten Kapelle“. So ausgerüstet mit Daten und Fakten und Anhaltspunkten aus der Berliner Geschichte, beginnt man die Entdeckungsfahrt.

So weit die Räder rollen

Radwandern ist die Krone des Fahrradfahrens. Das schöne Gefühl eines Radlers, angekommen zu sein, mit eigener Körperkraft das Ziel erstrampelt zu haben, ist durch nichts zu ersetzen. Bei guter Vorbereitung und ein bißchen Training wird jede Fahrt zum erlebnisreichen Urlaub von Anfang an, und dabei ist es egal, ob man 30 oder 50 Kilometer am Tag radelt. Damit jede Fahrt zu einem bleibenden Erlebnis wird, ist eine gründliche Vorbereitung notwendig.

Wohin soll man fahren?

Anfänger sollten sich nicht gleich eine Reise an die Ostsee oder in das Erzgebirge vornehmen, denn dazu gehört schon etwas Kondition.

Wann soll man fahren?

Natürlich ist es im Sommer am schönsten. Dabei sind Früh- und Spätsommer die angenehmste Zeit für den Radtouristen. Steht das Ziel fest, beginnt die Planung. Weit entferntere Ziele verlangen eine längere Anreise, die nicht immer in einem Urlaub zu schaffen sind. Deshalb ist es für den Radler keine Schande, wenn er für bestimmte Streckenabschnitte auch die Eisenbahn benutzt. Im Kursbuch der Reichsbahn steht: „Fahrradkarten". Mit Fahrradkarten können Fahrräder (auch zusammengeklappte), Kleinkrafträder, Kinderwagen, zerlegte und in Rucksäcken oder Taschen verpackte Faltboote in den dafür zugelassenen Zügen befördert werden, wenn Sie das Ein-, Aus- und Umladen dieser Sachen am Gepäckwagen selbst übernehmen. Für die Mitnahme von Skiern und Rodelschlitten in zuschlagpflichtigen Zügen sind Fahrradkarten erforderlich.

Fahrräder dürfen Sie nach Lösen einer Fahrradkarte auch in Personenzügen ohne Gepäckwagen mitnehmen, wenn es das Zugpersonal gestattet, und zwar in den Vorräumen der Personenwagen oder in den Traglastenabteilen.

Die Mitnahme von Fahrrädern in Fahrgasträumen ist nicht gestattet. Die Preise der Fahrradkarten betragen für

1 bis 30 Kilometer	0,60 Mark
31 bis 100 Kilometer	0,80 Mark
101 bis 150 Kilometer	1,20 Mark
151 bis 250 Kilometer	1,80 Mark
251 bis 450 Kilometer	2,60 Mark
über 450 Kilometer	3,60 Mark

Beförderung von Fahrrädern

Die Beförderung von Fahrrädern im S-Bahn-Bereich Berlin, Hauptstadt der DDR, ist nur zu bestimmten, auf den S-Bahnhöfen durch Aushang bekanntgegebenen Zeiten zugelassen. Die Beförderung erfolgt gegen Lösen einer Fahrradkarte zum Preis von 0,30 Mark. Werden anstelle von Fahrradkarten S-Bahn-Einzelfahrkarten der Preisstufe 2 ausgegeben, sind der Name und die Anschrift des Reisenden am Fahrrad haltbar anzubringen.

Auch der Transport des Fahrrades auf dem Autodach ist möglich. Wer allerdings von der Haustür ab seinem gewählten Ziel entgegenradelt, kann sich diese Überlegungen sparen.

Ohne eine Karte artet eine Fahrradtour zur Irrfahrt aus. Allzuoft weisen die üblichen Wegweiser auf den für Autofahrer günstigsten, aber möglicherweise längeren Weg hin.

Für das Festlegen der Strecke ist es auch angebracht, mehrere Karten zu verwenden, um Ungenauigkeiten auszugleichen. Mehr als 100 Kilometer am Tag sollten nicht eingeplant werden. Lieber weniger, damit die Zeit reicht, bei allem Interessanten am Wege verweilen zu können, denn erst das schafft die Erlebnisse.

Auf Nebenstraßen ist es meist angenehmer zu fahren, da dort selten Autos ein ruhiges und sicheres Fortkommen behindern. Vorsicht bei Wald- und Feldwegen. Lockerer Sand kostet viel Kraft, wenn das Fahrrad beladen ist.

Nur Karten mit größerem Maßstab enthalten so genaue Angaben, wie sie für eine Radtour nötig sind, zum Beispiel die im Maßstab 1 zu 100000 oder 1 zu 200000, das heißt, 1 Zentimeter auf der Karte entspricht 1 Kilometer oder 2 Kilometer in der Wirklichkeit. Die Karte im Maßstab 1 zu 100000, die sehr detailliert ist, eignet sich gut für kurze Touren. Für längere Fahrten sind diese Karten etwas hinderlich, weil zu viele Kartenblätter notwendig sind. Hier sind Karten im Verhältnis von 1 zu 200000 vorteilhafter. Nützlich sind Karten, die auch Höhenangaben enthalten, damit bei der Etappenplanung größere und längere Steigungen, die viel Kraft und Zeit kosten, berücksichtigt werden können. Nicht unwichtig ist der Blick auf den Redaktionsschluß. Alte Radwanderkarten sind mit Vorsicht zu betrachten. Viel hat sich doch in den letzten Jahren verändert, und so kann es passieren, daß die Fahrt schnell endet oder größere Umwege nötig sind. Folgende Faustregeln sind bei der Wahl der Karten also zu berücksichtigen:

1. Maßstab 1 zu 100000 oder 1 zu 200000,
2. Höhenangaben,
3. Redaktionsschluß,
4. sind Feld- und Waldwege, kleine Straßen usw. eingezeichnet,
5. touristische Hinweise: Übernachtungsmöglichkeiten (Jugendherbergen, Campingplätze, Jugendtouristenhotels) und Sehenswürdigkeiten.

Wie weit soll man fahren? Mit Hilfe der Karte wird nun

Familienausflug auf dem Tandem

die Route festgelegt. Wo soll es entlanggehen, wie kommt man am angenehmsten ans Ziel? Wieviel Kilometer am Tag gefahren werden, hängt natürlich bei Gruppen von allen Mitfahrern ab. Welche Fahrräder stehen zur Verfügung? Mit einem Klappfahrrad wird eine Fahrt in die Berge zur Qual.

Tagesziele wähle man nach Möglichkeit danach aus, ob dort Bekannte, Verwandte, Jugendherbergen, Zeltplätze eine relativ sichere Chance für eine Übernachtung bieten. Jugendherbergsplätze sollte man vorher bestellen oder zumindest ein oder zwei Tage vorher anrufen.

Ruhetage sind wichtig, wenn man sich zum Beispiel Ortschaften und Sehenswürdigkeiten ansehen oder einfach faul in der Sonne liegen will. Denn es ist wichtig, zwischen den Etappen die Kräfte zu regenerieren. Hemmnisse und Schwierigkeiten bleiben nicht aus. Dazu gehören zum Beispiel Pannen und das Wetter. Bei Regen geht es im allgemeinen langsamer voran, und vor allem bei Wind, der fast immer von vorn zu kommen scheint.

Die Etappenplanung ist immer ein schwieriges Unterfangen. Gerade bei mehreren Teilnehmern wird sie ein möglicher Anstoß des Ärgernisses sein. Möglicher Ausweg: Die Etappen werden von Tag zu Tag während der Tour festgelegt, so daß Wind und Wetter, die Lust am Fahren überhaupt und Zeit zum Faulenzen, Einkaufen oder Schwimmen gut berücksichtigt werden können. Diese Variante ermöglicht aber keine Vorbestellung von Übernachtungsplätzen. Doch für eine Nacht wird man auf jedem Campingplatz, und wenn man Glück hat, auch in einer Jugendherberge aufgenommen.

Wieviel Kondition ist nötig? Zu jeder Planung gehört die Einschätzung der Kondition. Welche Entfernungen können erradelt werden, ohne die Lust zu verlieren oder ohne sich völlig zu verausgaben? Ein Ausdauertest vor Beginn der Tour kann nicht schaden. Bei einer Gruppe wird gerade die Leistungsfähigkeit oft zum Problem: die einen sind geschafft, und die anderen wollen nun richtig losradeln. Gemeinsame Ausflüge vor der Tour zeigen, welche Streckenlänge und welche Geschwindigkeit für alle zumutbar sind. Je größer die Gruppe, desto langsamer geht es voran.

Was sollte man anziehen? Radfahren kann man natürlich in fast jeder Kleidung. Doch Zweckmäßigkeit steht an erster Stelle. In der kalten Jahreszeit sind beispielsweise lange Unterhosen und Hemden wichtiger als dicke Oberbekleidung. Auch in den übrigen Jahreszeiten gilt die Regel: lieber bei Bedarf mehrere dünne Kleidungsstücke übereinander tragen als beispielsweise einen dicken Pullover.

Beim Radfahren bewegen sich die Beine bis zu hundertmal in der Minute auf und ab. Für das Wohlbefinden unerläßlich ist also eine gut sitzende Hose. Der Stoff muß elastisch sein und ein ungestörtes Kniebeugen zulassen. Kurze Hosen im Sommer, Kniebundhosen in der kälteren Jahreszeit oder Hosenklammern bei weiten, langen Hosen verhindern das Einklemmen zwischen Kette und Kettenkranz. Ein Sturz vom Fahrrad ist schmerzhaft und eine neue Hose teuer!

Die Oberbekleidung muß sowohl das Schwitzen wie das Frieren verhindern. Bei Talfahrten kann sich der Oberkör-

Fahrrad für 10 Personen mit Küche. Gebaut wurde es in Kamenz.

per beziehungsweise die Brust durch den Fahrtwind sehr schnell abkühlen. Unter dem Pulli direkt auf die Haut eine Zeitung gelegt, schützt ausgezeichnet. Socken aus Baumwolle und leichte Schuhe (keine Sandalen) mit fester Sohle erhöhen das Wohlbefinden. Eine Kopfbedeckung ist nicht nach jedermanns Geschmack, aber bei langen Fahrten in der Sommersonne sehr zu empfehlen. Gegen Regen schützt wasserdichte Kleidung. Trägt man sie aber beim anstrengenden Fahren, wird man auch naß vom Schweiß und vom Kondenswasser. Es empfiehlt sich, ein Fahrradcape zu kaufen. Es schützt vor Regen – auch die Knie – und ist gleichzeitig luftig, weil die Seiten offen sind.

Die Reiseapotheke sollte nicht vergessen werden, Sonnenschutzcreme und Panthenol-Spray (gegen Sonnenbrand und Schürfwunden usw.) eingeschlossen.

Wohin mit dem Gepäck? Ein Fahrrad ist kein Schwerlasttransporter. Die Regel gilt auch hier: Sowenig wie möglich, soviel wie nötig. Wer nur bis zum Campingplatz fährt, wird das „große Gepäck" mit der Bahn vorausschicken und nur die Tagesausrüstung mitnehmen. Wer aber jeden Tag woanders sein will, muß auswählen und richtig packen können. Der Stauraum am Fahrrad ist relativ groß, wenn er op-

Radwanderung in Thüringen

timal genutzt wird. Die Tour ist angenehmer, wenn das Gepäck möglichst zur Fahrradmitte und nach unten hin angebracht wird. Eine Verteilung des Gepäcks hinten und vorn bedeutet einen besseren Gewichtsausgleich. Das Treten wird leichter. Wichtig ist, daß beim Anbringen von Packtaschen auf die Bewegungsfreiheit von Armen und Beinen geachtet wird. In eine Lenkertasche gehören nur leichte Dinge. Nicht viel mehr als insgesamt 15 Kilogramm sollte man sich und dem Fahrrad aufbürden. Das hängt natürlich von der Körperkraft, dem zu bewältigenden Weg und der technischen Ausrüstung des Fahrrades ab. Man muß auf jedes Gramm Gewicht achten, sonst steht man fassungslos vor dem überladenen Gepäckträger oder vor ausgebeulten Packtaschen.

Die wichtigste Regel heißt: Das Gepäck muß fest am Fahrrad befestigt sein. An den Lenker gehängte Taschen und Beutel stören beim Steuern und können beim Bremsen sehr schnell zu gefährlichen Stürzen führen. Auch über die Schultern gehängte Sachen sind unpraktisch. Ein Gegenstand, der sich zum Tragen während der Fahrt eignet, ist ein leichter Rucksack. Aber auch er ist nur bequem, wenn er nicht zu groß ist und außerdem flach am Rücken anliegt. Alle anderen Taschen werden am Fahrrad beziehungsweise auf dem größeren hinteren und dem kleinen vorderen Gepäckträger befestigt. Wer mit dem Fahrrad in den Urlaub fährt, sollte das Gepäck gleichmäßig auf den vorderen und hinteren Gepäckträger verteilen. Mit wenigen Handgriffen ist ein Vorderrad-Gepäckträger montiert.

Für den Transport der Sachen für die Schule oder Universität, die Lebensmittel, die aus der Kaufhalle geholt werden, reicht ein sogenannter abnehmbarer Fahrradkorb, der durch Gummiseilbespannung gesichert werden sollte. Für die Urlaubsreise ist es angebracht, Fahrradtaschen zu nähen oder nähen zu lassen. Sie sollten aus leichtem, haltbarem und wetterfestem Material sein. Praktisch sind zwei große Packtaschen, die auf dem hinteren Gepäckträger jeweils seitlich befestigt werden. Obenauf kann man, wenn nötig, noch eine flache Tasche mit weiteren Befestigungsmöglichkeiten, zum Beispiel ein kleines Bergzelt, anbringen. Die Größe der Taschen hängt natürlich vom Zweck ab. Eine zu große Tasche verführt natürlich auch dazu, zu viele und zu schwere Sachen mitzuschleppen, die man eigentlich nicht braucht. Die Taschen dürfen weder beim Treten noch bei der Bedienung der Bremsen, der Gangschaltung oder des Dynamos stören. Damit die Tasche ihre Form behält, befestigt man an der Innenseite ein festes Formstück aus Kunststoff, Holz oder Metall (nicht aus Pappe). Zum Verschließen eignen sich Reißverschlüsse, besser und haltbarer sind Riemen, die die Tasche zusammenschnüren. Seitlich am Vorderrad angebrachte Taschen sollten so tief wie möglich befestigt werden, damit sie die Lenkung nicht beeinträchtigen. Ein richtig bepacktes Fahrrad, auf dem die Taschen einwandfrei befestigt sind, ist auch ein sicheres Fahrrad.

Was soll man essen? Da dem Radwanderer ein langer und anstrengender Tag bevorsteht, sollte gut und ausgiebig gefrühstückt werden. Unterwegs lieber öfter eine Kleinigkeit essen als einmal eine riesige Mahlzeit verzehren. Radfahren mit vollem Magen fällt schwer.

Trinken sollte man während der Fahrt Tee, Wasser oder Fruchtsäfte. Wenn der Schweiß rinnt, bewirkt eine Prise Salz in den Tee Wunder.

Wer von Gasthof zu Gasthof fährt, sollte sich natürlich nach den Öffnungszeiten erkundigen.

Um die Jahrhundertwende veröffentlichte die französische Zeitschrift „Le Cycliste“ sieben Gebote zum Fahrradfahren:

1. Halten Sie selten und nur kurz an, damit Sie nicht Ihren Antrieb verlieren.
2. Nehmen Sie wenig zu sich, aber häufig. Essen Sie, bevor Sie hungrig werden, und trinken Sie, bevor Sie durstig werden.
3. Fahren Sie nie, bis Sie so müde sind, daß Sie nicht mehr essen oder schlafen können.
4. Ziehen Sie zusätzlich Kleidung an, bevor Ihnen kalt werden könnte, oder ziehen Sie etwas aus, bevor Ihnen heiß werden könnte. Zieren Sie sich nicht, Ihre Haut Sonne, Luft und Regen auszusetzen.
5. Meiden Sie Wein, Fleisch oder Tabak in jeder Menge, während Sie im Sattel sind.
6. Erzwingen Sie nie etwas. Fahren Sie nicht über Ihre Körperreserven hinaus, vor allem während der ersten paar Stunden einer Fahrt, wenn Sie sich stark und versucht fühlen, das Tempo zu forcieren.
7. Fahren Sie nicht Fahrrad, um auf andere Eindruck zu machen.

(Lessing, S. 157)

Die Gebote gelten nach wie vor.

Wer gern mit Sportfreunden unterwegs ist, der wende sich an eine der zahlreichen Sektionen Radwandern im Deutschen Verband für Wandern, Bergsteigen und Orientierungslauf der DDR (DWBO der DDR). Neben einem festen Stamm von Mitgliedern ist hier jeder Radler jeden Alters willkommen.

Eine der ältesten Berliner Sportgemeinschaften ist die Sportgemeinschaft „Semper“ mit ihrer Sektion Radwandern in Berlin-Friedrichshain. In jedem Jahr werden hier wie in anderen Sektionen unserer Republik interessante und abwechslungsreiche Fahrten unternommen. In den alljährlich erscheinenden Wanderplänen sind Termine, Adressen der Wanderleitung und die der Geschäftsstellen aufgeführt, so daß sich jeder an den öffentlichen Veranstaltungen beteiligen kann.

Daneben bietet das Jugendreisebüro der DDR auch schon Fahrradtouristik an. Premiere hatte das Projekt „Auf den Spuren von Ernst Thälmann von Berlin bis Bautzen". Dabei handelt es sich um eine Radwanderroute von 8 Tagen: Zu den Sehenswürdigkeiten, die man unterwegs kennenlernt, gehören unter anderem der fertiggestellte Ernst-Thälmann-Park in Berlin und die Thälmann-Gedenkstätte im ehemaligen Sporthaus Ziegenhals, wo die letzte, bereits illegale Tagung des Thälmannschen Zentralkomitees stattfand. In Cottbus und Kamenz erfährt man mehr über Thälmanns Wirken in diesem Bezirk. Im Programm stehen aber auch ein Besuch Lübbens, des Freilandmuseums Lehde beziehungsweise des Spreewaldmuseums in Lübbenau, Stadtbesichtigungen in Cottbus und Bautzen, eine Wanderung am Knappensee und ein Besuch von Schloß und Park Neschwitz. Auch ein Gruppenabend und ein Disko fehlen nicht. Den Gruppen mit je 20 Teilnehmern steht eine versierter Reiseleiter zur Verfügung. Übernachtet wird in den Jugendherbergen in Klein Köris, Byhleguhre, Neschwitz und im Jugendtouristenhotel Kamenz.

Anhang

Checkliste für den reiselustigen Fahrradfahrer

I. Ständige Ausrüstung:

- Pumpe
- Flickzeug
- Gummilösung (stets trocknen lassen, bevor Flicken darauf gelegt wird)
- Schmirgelleinen (zum Aufrauhen der Flickstelle)
- Reifenhebel
- Kleingeld (für Nottelefonate)
- Ausweise
- angemessenes Schloß

Notwendige Utensilien:

- Hosenklammer oder -band
- Gepäckträger
- Lenkertasche
- Trinkflasche
- Gürteltasche (Wertsachen nicht am abgestellten Fahrrad lassen)

Für Regenfahrten:

- Regenhut
- Regencape
- Handtuch (an trockenem Platz)
- Satteldecke (Plasttüte genügt)

II. Bekleidung für eine Wanderfahrt:

- lange oder kurze Hosen (ohne dicke Nähte im Schritt) oder Radfahrhose und Beinwärmer (zur Radfahrhose bei kaltem Wetter oder frühmorgens)
- T-Shirt (in Signalfarben, der Sicherheit wegen)
- leichtes Baumwollhemd (mit langen Ärmeln gegen Sonnenbrand)
- Radfahrertrikot (mit praktischen Taschen auf dem Rücken)
- Armwärmer (zum Radfahrertrikot bei Kälte und morgens)
- Windjacke (nicht wasserdicht, sonst unangenehmes Schwitzen)
- Jacke für kaltes Wetter (nicht wasserdicht)
- Socken
- leichte Schuhe
- Sonnenhut, Strickmütze gegen Kälte

Sonstiges:

- Landkarten
- Sonnenbrille
- Handtuch
- Badesachen
- Reiseproviant
- Sonnencreme
- Fotoapparat und Film
- Bargeld
- Reiseapotheke

Werkzeug:

- Schraubenzieher
- Speichennippel-Spanner

III. Für die Urlaubsfahrt:

- Packtaschen (beide Seiten gleich schwer beladen, schwere Sachen nach unten); es werden alle Sachen in den Packtaschen in beschrifteten Plastbeuteln verpackt, so wird nichts naß, und man findet die Einzelteile schnell, ohne alles auspacken zu müssen
- für Camping: Zelt, Schlafsack, Luftmatratzen, Kocher (falls vorhanden, den Anglerausweis)
- leichte Stadtkleidung
- für Jugendherberge: Hausschuhe, FDJ-Ausweis und -Hemd

Werkzeug und Ersatzteile:

- Taschenmesser
- Inbusschlüssel
- Öl
- Ersatzkettenglieder
- Ersatzspeichen (passende Länge)
- hinterer Bremszug (verkürzt als vorderer verwendbar)
- hinterer Schaltzug (verkürzt als vorderer verwendbar)
- Bremsgummis
- Lenkerband
- Plasttüten
- Ersatzlampen und -kabel
- Adressenliste der Sektionen Radwandern in den einzelnen Bezirken der DDR und, wenn möglich, deren Telefonnummern

Checkliste zur Fahrradinspektion

I. Bremsen
II. Räder
III. Bereifung
IV. Lenkung
V. Pedalkurbeln
VI. Kraftübertragung
VII. Sattel
VIII. Beleuchtung

I. Bremsen

- Rücktritt darf kein großes Spiel haben
- Bremshebel der Rücktrittnabe festschrauben
- Bremsklötze auf die Felge zentrieren
- Abrieb der Bremsklötze überprüfen

- freie Seilbewegung des Bowdenzuges
- Bremshebel nicht bis zum Anschlag bei Vollbremsung

II. Räder
- Zustand der Felgen
- Spannung der Speichen
- Achslager frei drehbar
- Achskronen zu fest oder ruckartig
- Achse verbogen

III. Bereifung
- Fülldruck
- Reifenprofil
- Ventil

IV. Lenkung
- locker oder fest
- Zustand und Stellung des Lenkerschaftes
- Griffe oder Lenkerband in Ordnung

V. Pedalkurbeln
- Pedale fest einschrauben
- Pedallager spielfrei
- Kurbel festsitzend
- Zustand des Tretlagers

VI. Kraftübertragung
- Sitzen Kettenräder fest auf der Kurbel beziehungsweise Nabe?
- Kettenblätter beziehungsweise Ritzel ohne Schlag
- Kette geschmiert
- richtige Kettenlänge
- Schalthebel fest montiert
- Schaltzüge knickfrei verlegt
- Kettenschaltung: Umwerfer parallel
- Anschlag für kleinstes und größtes Rad korrekt

VII. Sattel
- nicht verdrehbar
- richtige Höhe eingestellt

VIII. Beleuchtung
- Leuchten fest angebracht
- Leitungen isoliert
- Glühlampen nicht geschwärzt

Fahrradbrief

Ich und mein Fahrrad . . . .
Foto einkleben

Am . . . . habe ich ein Fahrrad
Typ . . . .
Farbe: . . . .
Rahmennummer: . . . . gekauft

Besondere Kennzeichen:
. . . .
. . . .
. . . .

Was ich noch zusätzlich angebaut habe:

Literaturverzeichnis

Bretschneider, Manfred, Beiträge zur Geschichte des VEB Elite Diamant – Technologie und Fahrradproduktion. Zwanzigteilige Serie in der Betriebszeitung „Diamant", Jahrgänge 1984 und 1985

Das Radfahren und seine Hygiene, von Dr. med. Schiefferdekker, nebst einem Anhang: Das Recht des Radfahrers von Professor Dr. jur. Schumacher, Bonn 1900 (Nachdruck)

Dehmel, Richard, Radlers Seeligkeit. Aus dem Repertoire des „Überbrettls". Musik Oskar Strauss. In: Deinmann (Hrsg.), Rund um die Litfaßsäule, Berlin 1968

Ebert, Gerhard, Dufthuhn und große Mauer. In: Sonntag, Nr. 40, Berlin 1984

Glatzer, Dieter und Ruth: Berliner Leben 1914–1918, Berlin 1983

Garscha, Winfried; Hauptmann, Hans, Februar 1934 in Österreich, Berlin 1984

Jennrich, Eberhard, Mein Fahrrad, Berlin 1985

Jüngst, Karl-Ludwig, Arbeiterkulturbewegung in Sulzbach, 1920–1935, Sulzbach 1984

Lange, Annemarie, Berlin zur Zeit Bebels und Bismarcks, Berlin 1976

Lessing, Hans-Eberhard (Hrsg.), Fahrradkultur 1. Der Höhepunkt 1900, Hamburg 1982

Michel, Robert, Von Saigon nach Ho-Chi-Minh-Stadt. In: Die Weltbühne, Nr. 25, Berlin 1984

Patzelt, Otto, Triumph des Rades, Berlin 1979

Salvisberg, Paul von, Der Radfahrsport in Bild und Wort, München 1897, Nachdruck OLMS Press, Hildesheim – New York 1980

Timm, Uwe, Der Mann auf dem Hochrad, Berlin 1985

Tucholsky, Kurt, 1327 Fahrräder. In: Gesammelte Werke I, Bd. 6, Berlin 1979

Valentin, Karl, All Heil. In: Valentins-Lachmusäum, Berlin 1973

Volke, Gerd, Rauch, Max, J. B., Patari, Felix, R., Mit dem Rad durch zwei Jahrhunderte, Stuttgart 1979

Werner, Ruth, Gedanken auf dem Fahrrad, Berlin 1980

Wolf, Wilhelm, Fahrrad und Radfahrer, Leipzig 1890, Neudruck: Dortmund 1979

Zola, Emile, Paris, Leipzig 1980

Inhalt

Vorwort

Wie die Räder rollen lernten

Laufend sitzen 16
Am laufenden Band 29
Von oben treten 35
Made in England 47
Ein-, Zwei- und mehrere Räder 56
Versuche per Pedale 61
Rollende Träume 67

Fahrrad und Gesellschaft

Das Wagnis auf der Straße 72
Kein Radfahrer im Park 77
Veloreiterinnen 83
Zweiradeinheit 88
Rote Husaren 99
Die Fahrt ins Massengrab 109
Das Rennen um den Arbeitsplatz 114
Elite Diamant – volkseigen 119
Im Zeichen der Windrose 123
Fahren ohne Auspuff 132

Treten durch die Freizeit

Für jeden Typ den richtigen Tip 141
Das Fahrrad näher betrachtet 146
Pflegefälle und Reparaturtips 157
Von Rechts wegen 160
Stadt erfahren 165
So weit die Räder rollen 172

Anhang

Checkliste für den reiselustigen Fahrradfahrer **183**
Checkliste zur Fahrradinspektion **184**
Fahrradbrief **186**